China, Shanghai
Terrakotta-Armee
Drei-Schluchten
China-Tempel
Sichuan-Yunnan,

...*kommt mit*

nach China

Aha-Erlebniss**e,**

Reiseschilderungen,

Histor**ie**

Traudl Bahm

Auf einer dreimonatigen Reise quer durch China.
Privat - langsam - einfach - mit öffentlichen Verkehrsmitteln.
Von Shanghai nach Westen zum Himalaya.
Dann nach Süden bis Hanoi, Vietnam.

Shanghai, Souzhou, Hangzhou, Zhujiajiao, Nanjing, Xiaan, Wuhan, Drei-Schluchten, Chongqing, Chengdu, Qingchengshan, Emeishan. Weiter nach Kunming, Dali, Jianshui, die Reisterrassen Yuanyang und auf dem Landweg bis Hanoi, Vietnam. Hurra! Unsere Berufsleben sind beendet; es gibt noch so viel zu lernen, zu erleben.

Texte Waltraut Bahm
Compact Camera Bilder Frank Fischer

Bibliografische Information der Deutschen Nationalbibliothek:
Die Deutsche Nationalbibliothek verzeichnet diese Publikation
in der Deutschen Nationalbibliografie; detaillierte bibliografische
Daten sind im Internet über http://dnb.dnb.de abrufbar.

Herstellung und Verlag: BoD – Books on Demand, Norderstedt.

© Waltraut Bahm 2016

ISBN 9783741209505

- **Shanghai**
    - Souzhou - Hangzhou - Zhujiajiao - Nanjing
        - Xiaan
            - Wuhan
                - Yangtse Flußfahrt von Ychang bis
                    - Chongqing
                        - Chengdu - Leshan - Emeishan - Qingchengshan
                            - Kunming - Dali im Ost-Himalaya
                                - Jianshui
                                    - Yuanyang – Xinjie Reisterrassen
                                        - Hekou - Lao Cai
                                            - **Hanoi,** Vietnam

Meiner lieben kleinen Erstklässler-Enkelin Helena,

die sich mit ihren so fantasievollen Rollenspielen „Omi, du bist
jetzt die Lehrerin und musst mir Aufgaben stellen";
„Omi, wir sind in der Pferdeschule, du musst mich anfeuern" …
gedulden musste, während meiner
so aufregenden China-Monate.

Inhalt

Shanghai - erste Eindrücke	09
Suzhou - Venedig des Ostens	17
Hangzhou - Provinz Zhejiang - Unser Professor	22
Nanjing - Provinz Jiangsu	27
Xi`an - Provinz Shaanxi - Beginn der Seidenstraße	31
Wuhan - Provinz Hubei	36
Drei-Schluchten-Staudamm	41
Chongqing - die größte Stadt der Welt	48
Chengdu - Provinz Sichuan	54
Bei den Pandabären	60
Kunming - Provinz Yunnan	65
Bamboo Tempel	67
Im Muslimviertel - Begegnungen	70
Xishan - ein Abenteuer	71
Eine filmreife Szene	75
Dali – im Himalaya	77
Cangshan - Nationalpark der 4.000er	79
Jianshui	84
Konfuzius	86
Yuanyang / Xinjie - Reispaddies	91
Auf dem Weg zur vietnamesischen Grenze	96
In Vietnam - Hanoi	99
Ho Chi Minh und seine Nachfahren	102
Auf dem Lande	106
Der ganz normale Alltag	110
Auf der Suche…	111
…wer ist Traudl?	114

Zuerst

Unsere bisherigen Reisen erlaubten das Verweilen und Stöbern in den Tiefen der Geschichte. Kein Reise-Programm zwang uns zum Weiter und Weiter, kein Vielsterne-Hotel schrieb uns vor, wann und in welcher Kluft wir zu welchem Essen zu erscheinen hatten. Unsere örtlichen Bleiben waren zwar nicht immer perfekt-bequem oder gar luxuriös, sie brachten uns aber mit vielen unbekannten, fernen Menschen zusammen.

China ist überwältigend… ist ganz, ganz anders. Die Länder Amerikas, Indien und in Fernost erlebte ich jeweils wie einen bunten Fächer - China als Koloss, als ein großes Ereignis vieltausendjähriger Geschichte, voll spürbarer Umbrüche. Die Freundlichkeit der Chinesen, die wir erlebten, ging mir nahe.

Mein Leben und Reisen mit meinem Partner Frank kennt heftige Auf und Abs. Auf dem Tiefpunkt einer Beziehugswelle Bleib-mir-doch-wo-der-Pfeffer-wächst: „Traudl, ganz unverhofft habe ich wieder Kontakt mit meinem China-Freund in Shanghai von vor 22 Jahren bekommen. Er fragt `Wann kommst du mal wieder vorbei?` Er würde uns den notwendigen Letter-of-Invitation schicken, so könnten wir in diesem Riesenreich drei Monate lang individuell reisen. Uff… ich… ich ließ mich schließlich rumkriegen, sagte mein neu aufgelegtes Golf-Programm ab und für meine Enkelin Helena musste eine andere Betreuung gefunden werden. Es wurde eine aufregend-spannende, eine rasende Reise durch gänzlich Unbekanntes. Von Höhepunkt zu Höhepunkt, innerlich wie äußerlich. So lade ich euch ein, kommt-mit-nach-China! Mit eurer Traudl.

Shanghai

Erste Eindrücke

Figuren wie schwarzhaarige Barbie Puppen, mit wippenden Kurzröckchen, in Seiden- und Gazekleidchen, vornehm und burschikos-spitzbübisch, auch in Hotpants und überhaupt Mode wie bei uns - Made in China – so kommen sie daher die jungen Mädchen, wie auf dem Laufsteg: modebewusst, modern, voller Zukunftselan und Selbstbewusstsein. Sie spiegeln das hoch moderne Architekturbild einer zukunftsorientierten Finanzmetropole wider, deren futuristische Skyscraper die Peripherie des Himmels zu bevölkern scheinen, erst in monotonen Formen, dann je mehr man sich dem Zentrum nähert, in skurrilen, wundersamen, fast märchenhaften Dach-Abschlüssen und Fassaden. In diesen Türmen treffen sich die Wirtschaft und das Kapital der ganzen Welt. Digital versteht sich. Und so geben sich auch die Menschen, wo sie gehen, stehen und sitzen, digital über ihr i-Phone oder tablet, immer mit sich und damit beschäftigt, über Botschaften, Spiele, Bildchen oder gar Filme. So wie bei uns, nur in der kompakten Menge habe ich dies bei uns noch nicht erlebt. Allerdings leben in China auch kompakte 1,3 Milliarden Menschen. Und wir laufen herum wie „Alice im Wunderland".

Der erste Kontakt mit diesem Riesenreich war ein ganz furchtbarer. Mein Koffer war nicht auf dem Band im Flughafen. Er konnte auch nicht in Hongkong, unserer 2. Zwischenstation, gefunden werden. Mir schwante Schreckliches, unsere 1. war Zürich, zehn Stunden westwärts. Man vertröstete mich auf mehrere Tage, ich schickte China zur Hölle. Nach einer langen Nacht, gespickt mit Alpträumen, erhielten wir die Nachricht, dass das Gepäckstück aufgefunden worden wäre. Der Himmel hing nun wieder voller Geigen. Auf diese Weise machten wir gleich die enge Bekanntschaft mit dem weit verzweigten U-Bahnnetz. 16 Metrolinien durchqueren wie die Maulwürfe die unterirdischen Gänge mit riesigen Umsteige– und Einkaufsstationen, darüber erheben sich Türme, die weit in den Himmel ragen. Wie hält die Erde das aus, auf der zudem noch ca. 30 Millionen Menschen – Tendenz steigend - wohnen?

Als ich glücklich endlich meinen Koffer im Flughafen wieder in Besitz nehmen kann, kommt ein Abenteuer technischer Art auf uns zu. Eine kurze Strecke fahren wir mit der Magnet-Hochgeschwindigkeitsbahn zurück. Sie ist eine deutsche Erfindung, wurde aber aus vielen Gründen an die Chinesen mit dem gesamten Knowhow verkauft. Bei 300 km/h wird mir in jeder Kurve leicht flau im Magen. Die Stadt-Landschaften fliegen an uns vorbei und ich bin erleichtert, dass die Höchstgeschwindigkeit von 400 km/h wohl nicht beabsichtigt ist, erreicht zu werden.

Unsere Bleibe befindet sich auf dem Campus einer der berühmtesten Universitäten (Jiao Tong) des Landes, die sich immerhin 300 Jahre behaupten konnte. Umgeben von gepflegten Rasenflächen, Blumenrabatten und Platanenalleen, unterbrochen von dickbauchigen Palmen, von altehrwürdigen viktorianischen Gebäudekomplexen fühlen wir uns ringsum vor dem Verkehrsgetöse und den Menschenmassen von einer dicken Mauer beschützt. Das Überraschendste sind die leisen elektrogetriebenen Motorroller, die um uns herumhuschen – welch eine Wohltat - und auch das Straßenbild außerhalb der Mauern vervollkommnen. Warum ist das bei uns nicht möglich? Unser Hotelzimmer liegt im 5. Stockwerk und da winken viele grün-satte Baumwipfel zu uns herauf und uniforme graue Hochhauswohntürme zu uns herunter. Darüber wölbt sich mal ein wolkenverhangener, mal ein

sommersonnen durchtränkter Himmel mit mal schwül-regnerischen, mal hochsommerlichen Temperaturen und das Ende September.
Aber der Zeitunterschied und die anderen Lebensumstände machen uns zu schaffen. Und so schlafen wir heute, bereits am 4. Tag mit vielen Unterbrechungen bis ein Uhr mittags und lassen das gewöhnungsbedürftige chinesische Frühstück sausen.

Auf dem Weg zum *BUND*, das Hindi Wort für Damm, begegnen wir dem alten Shanghai, das im frühen 19. Jahrhundert von den Kolonisatoren geprägt wurde. Der Fluss *Huangpu*, an dem ursprünglich ein Treidelpfad entlanglief, wurde zum Umschlagplatz für alle Frachtkähne mit Waren (vor allem Reis) aus dem Inneren des Landes. Franzosen, Engländer und Amerikaner wollten hier Handel treiben und zwangen das damalige Kaiserreich, das sich dem Westen nicht öffnen wollte zu Zugeständnissen, zu Konzessionen. Handelshäuser, mächtige Banken sowie Hotels wuchsen wie Pilze aus dem Boden. Und natürlich war dies ein Eldorado für europäische Architektur. Neoklassizismus, Jugendstil, Art-Deco feiern hier in sehr europäischer Manier ein spektakuläres, pompöses Stelldichein. Hier war der Ort des Handels, wo Vermögen gewonnen wurde und genauso auch wieder zerronnen war.

Staunend schlendern wir mit Hunderten von anderen Touristen an der zwar restaurierten, doch sichtbar verblichenen Pracht vorbei – die Lokale verlangen astronomische Preise – und steigen langsam die Treppen zum erhöhten, mit einer Mauer abgeschirmten Hochufer des Flusses empor. Und da, auf dem breiten gepflegten Damm bleiben wir sprachlos stehen. Der Fluss breitet sich tief zu unseren Füßen aus und am jenseitigen Ufer erhebt sich in futuristischer Pracht die *Pudong* Skyline. Die untergehende Sonne spiegelt sich in den skurrilen Glasfronten und wetteifert mit der glitzernden Wasseroberfläche des Flusses. Die kupfernen Kugeln eines konisch in den Himmel ragenden Turmes tänzeln im rotbräunlichen Licht auf den leicht gekräuselten Wellen. Von einer Biegung des Flusses bis zur anderen erstreckt sich das gigantische Wolkenkratzermeer, das neue Handels-und Finanzzentrum des modernen Shanghais, das schon heute im Morgen lebt.

Leicht benommen landen wir schließlich in einer ganz anderen Welt, in der Welt des alten, ursprünglichen Shanghais. In einer kleinen Nebenstraße stoßen wir auf vielfältigste Straßenhändler mit Gemüsen, Obst, Gewürzen. Die Luft ist geschwängert mit den unterschiedlichsten Gerüchen und mit lauten bis schrillen Tönen, die aus den niedrigen Katen, den kleinen Kneipen und originellen Lokalen entströmen. Wir wollen es wagen, trotz aller Unkenntnis, in einem dieser Lokale zu essen. Die roten Lederpolster laden dazu ein, die Stufen nach unten ins Souterrain erscheinen heimelig. Am Ende des kleinen Raumes hängt ein riesiger Flachbildschirm mit wild bewegten Bildern. Gleich springen fünf Kellner/innen auf uns zu, umringen uns, lauern auf unsere Bestellung, wir fühlen uns bedrängt, uns ist nicht wohl dabei. Schließlich zeigen wir auf Bildchen, von denen wir meinen, es könnte unser Geschmack sein. Frank findet sogar ein Bier im Kühlschrank. Der Bildschirm spuckt einen brutalen Actionfilm aus, ein Kellner gafft mit offenem Mund. Noch eine Familie mit zwei Kindern sitzt am Nebentisch und schaufelt sich mit den Stäbchen durch die Schalen. Endlich kommt das Essen: Gemüse, Fleisch und Reis. Das mangoldartige Gemüse hat mehr Strunke als Blätter, ist halbroh und geschmacklos, das Entenfleisch kommt in Scheiben, ist kalt und besteht mehr aus Knochen, gegen den Reis, mit Eigelb verfeinert, kann man nichts sagen. Das Beste ist noch das Dünnbier. Zum Bezahlen müssen wir den Kellner auffordern, sich vom Hauen und Stechen auf dem Bildschirm zu lösen. Ich denke, das war kein typisches Altstadterlebnis. Was kann man denn auch erwarten, ohne chinesische Sprache.

Die Nacht wird ständig durch schlaflose Phasen unterbrochen. Endlich kommt der Schlaf. Lautes Lachen, ungebremste englische Unterhaltungen auf dem Flur reißen mich plötzlich wieder heraus. Wütend springe ich aus dem Bett, reiße dabei den Fernseher um, stürze zur Tür und erreiche die lärmende Gruppe und bin unmissverständlich im Ton: "Be so kind and continue talking into your rooms, I would like to sleep!" Betretenes Schweigen, ein gemurmeltes „Sorry" und dann ist endlich Stille. So verschlafen wir wieder den ganzen nächsten Morgen.

Auf dem kleinen Balkon einer japanischen Bäckerei, der auf eine Gasse herunterschaut, trösten wir uns mit wunderbaren dunklen Brötchen, in die Walnüsse hineingebacken sind und duftendem Kaffee, nachdem ich zuvor, noch schnell, so ganz nebenbei, beim Überqueren der Kreuzung bei Grün fast überfahren werde. Unten an den Ecken der Torbögen zur Wohngasse spielen alte und junge Männer laut lachend und gestikulierend Karten. Es ist Sonntag! Kleine Kinder necken sich auf den Treppen zum Hauseingang, eine Oma belädt ihr Fahrrad kunstvoll mit einem Kinderwagen vor und über dem Lenker und ich staune: Sie fährt sicher, ohne mit der Wimper zu zucken durch das Tor auf die Hauptstraße. Zurück in der Platanenallee begreifen wir schließlich, dass wir im *Quartier Francais*, also in der sogenannten *Französischen Konzession* gelandet sind, ein Viertel, das französische Handelsleute Anfang des 19.Jahrhunderts für sich von der chinesischen Regierung ergattern, bzw. erpressen konnten. Und so drückten die Franzosen diesem Viertel ihren eleganten Stempel auf: Kleine edle Boutiquen mit ihren über den Schaufenstern geschwungenen Sonnenschutzvorrichtungen, die sich wie Augenlider darüber klappen. Aus ihnen scheinen geradewegs junge hübsche, zierliche Mädchen mit ihren Lovern herausgekommen zu sein, um Beifall heischend durch die Alle zu flanieren. Herausgeputzte Friseurläden wechseln sich ab mit kleinen Cafés mit französischen Namen. Gott Lob, ich habe ein Kleid an und meine Touristenkluft im Zimmer gelassen. Kunst-und Antiquitätenläden reihen sich an Restaurants, aber auch der Tante Emma-Laden und der preiswerte Mittagstisch finden hier noch Platz. Mitnichten, es ist ein Viertel mit Flair, an der Wohnhäuser im französischen Renaissancestil stehen und Wohlhabenheit ausstrahlen.

So ist es kein Wunder, dass *Soong Ching Ling* sich hier ein großes Areal für ihre Residenz ausgesucht hat – sie steht heute unter Denkmalschutz – um hier viele Staatmänner aus der ganzen Welt zu empfangen. Sie war die Witwe des Vordenkers und Begründers der 1. Republik des chinesischen Volkes *Sun Yat-sen*. Sie gehört zu den bedeutendsten Frauen in China und wurde Ehrenpräsidentin der Volksrepublik. Hier lebte sie von 1949 bis 1981. In eine wohlhabende christliche chinesische Familie hineingeboren (der Vater kam aus Amerika als Missionar zurück) sorgte er für eine christliche, westliche

Erziehung. In Amerika promovierte sie in Rechtswissenschaften und begeisterte sich dort für die revolutionären Ideen ihres späteren Mannes, des 23 Jahre älteren Sun Yat-sen. So steigen wir mit der Begehung des Hauses tief in die Anfänge der Volksrepublik Chinas ein.

Auf dem Rückweg dreht sich plötzlich ein junger hübscher Bursche um und lacht uns an. Wir erinnern uns, er gab uns den Audioguide und erklärte uns die Bedeutung von Sun Yat-sen. Sein Englisch ist für uns ausgezeichnet. Wir fragen nach einem Weinlokal, und sofort bringt er uns zu einer Bar. Dabei stellt sich heraus, dass er schon in Berlin war und wir verabreden ein Wiedersehen. Nach einem sehr teuren Glas Weißwein, kaufen wir für ein eigenes Frühstück auf dem Zimmer ein, denn oft kommen wir erst um halb neun in den Frühstücksraum, als fast letzte; die Belegschaft fängt um Viertel vor neun an, abzuräumen, fegt um uns herum und wir sind froh, dass sie uns nicht die Stühle unterm Allerwertesten wegziehen. Ein sehr diszipliniertes Volk!

Wir staunen immer wieder über die teuren riesengroßen Autos, die sich auf den Straßen präsentieren und an ihren Seiten parken. Es ist auch Usus über den breiten Bürgersteig bis an die Gebäude, vor allem an die riesigen Scheiben der Restaurants, heranzufahren. Der Gast, der innen sitzt, schaut auf die Blech-Karosserien, die immerhin blitzeblank sind. Dennoch halten wir immer wieder den Atem an, wenn hoch beladene Radler mit geschnürten Pappelagen, noch höher geschichtet als die Karossen, sich immer wieder akrobatisch geschickt unter den dichten Verkehr mischen. Aber der Höhepunkt der Vehikel ist der elektrogetriebene Luxuswagen aus Amerika „TESLA". Ganze Trauben von Menschen umringen ihn und obwohl er über 100 000 Euro kostet, wird er viel gekauft, versichert mir der Angestellte; ich kann hier trotz minutiöser Suche keinen Kommunismus entdecken.

Wir haben enorme Probleme mit dem Internet – web.de blockiert herausgehende Botschaften an manche Provider. So bitten wir Franks chinesischen Freund *Pingao,* uns zu helfen. Und so lerne ich Pingao kennen, einen äußerst charmanten, herzlichen und gut aussehenden Chinesen mit vortrefflichen Manieren. Der Versuch, hinter die Internetprobleme zu kommen, misslingt. Dafür lädt er uns zu einem wunderbaren chinesischen Essen ein mit grünem, gedämpften Gemüse, in Öl gegarten, herrlich gewürzten Auberginenschnitzen, scharfen, sehr schmackhaften dünnen Rinderscheiben und natürlich Reis, für die Männer Fisch. Und es gibt herrlich gekühlten Weißwein neben ganz reinem köstlichen Reiswein. Beschwingt bewegen wir uns am nächsten Tag zum *Shanghai-Museum,* das ganz in der Nähe steht. Schon alleine der Bau und das ganze Wolkenkratzerambiente drum herum ist eine Reise wert und steht den geschichtlichen Artefakten im Inneren des Museums nicht nach.

Wieder wandern wir durch breite Straßenzüge, wo sich alle Finanz-, Handels- und Konsumwelten die Hand reichen, verlassen diese und betreten Nebenstraßen, in denen lange noch mit gediegenen Villen, weit nach hinten versetzt, der Abglanz dieser nachwirkt. Aber, welch ein Erstaunen, da gibt es auch winzige Reparaturwerkstätten, die in ganz primitiver Art und Weise löten, schrauben, zusammensetzen. Hier die teure Bar neben dem kleinen Handwerkerladen, da die kleine Pizzeria, deren Pächterin perfekt englisch spricht, weil sie fünf Jahre in Neuseeland lebte, aus Heimweh zurückgekehrt ist und uns zum Rotwein einlädt, dort der hoch aufgeschossene Chinese, der in Australien studierte, hier nur heiratet und sich dort niederlassen will. Alles scheint hier zu gehen…

Suzhou
Venedig des Ostens

Für drei Tage haben wir nun die Megastadt Shanghai verlassen, um mit einem 300 km schnellen Zug westlich davon in das südliche Jangtse-Beckendelta zu fahren in einen uralten typisch chinesischen, **nur** 8 Millionen Einwohner-Ort zu fahren. Jetzt bin ich sicher, dass ich in China bin: Pagoden, Tempel, schmale Gassen mit Suppenküchen. Das alte kulturelle Erbe aus der Qing–Dynastie. Hier siedelten sich Literaten, Künstler, Seidenmanufakturen an und neben wunderschönen künstlichen Gärten mit Minigebirgen, Seen und Bonsaipflanzen, durchziehen die ganze Stadt hunderte von Kanälen. Ein Venedig auf Chinesisch!

In einem Restaurant, wo nur brodelnde Pfannen auf dem Tisch stehen - da haben wir schon enttäuschende Erfahrungen gemacht mit nur Bildchen zeigen – kommt eine junge Chinesin (alle sind hier jung) auf uns zu und meint, sie könne uns alles auf Englisch erklären. Es wird eine lustige Unterhaltung, alle Gäste schauen zu und grinsen. Zum Schluss haben wir in einer Pfanne auf einem kleinen, in den Tisch eingelassenen Elektroherd alle unsere gewünschten Zutaten und unsere kluge Serviererin dreht und schmort unsere Ingredienzien darin, dass es nur so eine Freude ist. Wir müssen nur noch unsere Stäbchen in den Kessel führen und die feinen Sachen herausangeln. Die Zuschauer haben ihre Freude an uns. Übrigens, wenn du in Vorlage gehst, sind sie alle sehr freundlich, heißen uns willkommen und sind sehr behilflich.

In der wunderschönen Altstadt *Suzhou*, berühmt durch ihre Kanäle, die immer wieder von Unrat blitzeblank gefischt werden, der Stadtmauer und dem Flair einer ehemaligen Kaiserstadt, zumindest wenn man die Touristenpfade verlässt, begegne ich drei Frauen, unterschiedlichen Alters, bei denen ich den Stolz erahne darüber, dass Ausländer / Fremde ihr Land besuchen: Die Jüngste, eine Studentin, will wissen, warum ich China bereise, überschüttet mich mit Fragen, sie sucht unablässig nach den englischen Worten, schließlich muss Frank ein Bild mit uns beiden schießen und zum Abschied umarmt sie mich. Ich bin überaus überrascht und gerührt über die nicht erwartete Herzlichkeit. In einem der berühmten Gärten, die sich Kaiserbeamte im Ruhestand schufen, spricht mich eine gut gekleidete, schön behütete, attraktive Mittdreißigerin mit einem guten Englisch an. Die Unterhaltung wird schließlich sehr privat und endet in ihrem Seufzer: „Ach, hätte ich doch auch nur so einen Reisebegleiter wie Sie, meine Mutter will mich immer wieder verheiraten, but I`m afraid of being married (aber ich habe Angst davor, zu heiraten). Auch hier ist die Verabschiedung überaus freundschaftlich.

Kurz danach spricht mich eine etwa Mittvierzigerin mit sehr gebrochenem Englisch an, sie ist in Begleitung eines Mannes, der uns ständig fotografiert und einer zweiten Dame. Wieder einmal habe ich das Gefühl, dass sie ihr Englisch an mir erproben will. Die Unterhaltung ist nicht sehr ergiebig, ihre Wortsuche ist enervierend und so verabschiede ich mich mit einem Vorwand und lobe China in den höchsten Tönen, um mein Gesicht zu wahren. Sie ist entzückt und versichert mir, dass es ihr eine große Ehre war, mir begegnet zu sein und mich kennen gelernt zu haben. Ich fühle mich wie am Hofe einer kaiserlichen Dynastie, fast hätte ich mich rückwärtsgehend verbeugt und fast schäme ich mich, diese Unterhaltung so abgebrochen zu haben.

Es ist einfach unglaublich, der Kontrast zwischen der Altstadt, seinen stillen, romantischen Gärten, über denen der Geist von Konfuzius noch zu schweben scheint, den Wasserstraßen, in denen sich

die knorrigen Weiden spiegeln, Frauen auf Treppen, die hinunterführen, ihre Wäsche waschen und der neuen Stadt.

So wie wir es immer wieder in Shanghai erleben, tritt man auch hier plötzlich in den Lichterglanz der Leuchtreklamen des Konsums, hinein in das ohrenbetäubende Getöse des Verkehrs und wird förmlich hineingebeamt in eine hoch pulsierende, hoch moderne und technisierte Stadt, die die Vergangenheiten längst hinter sich gelassen hat, innerhalb der kürzesten Zeit von ca. 25/30 Jahren.

Der Dao-Tempel (der Daoismus oder auch Taoismus entstammt einer Bauernkultur und schlug oder schlägt sich noch sehr mit guten und bösen Geistern herum) liegt mitten in der belebten Fußgängerzone. Gleich hinter dem Pagodentor mit der hohen Schwelle (gegen die bösen Geister) empfängt uns tiefe Stille, seliger Frieden. Ein paar Gläubige, die brennende Incentstäbchen in einen riesigen ehernen Feuerkessel stecken und sich nach allen vier Himmelsrichtungen verneigen, verstärken noch die Atmosphäre Weihrauch umnebelter, gläubiger Innigkeit. Vor uns sitzen auf Thronen überlebensgroße Dämonen mit fratzenhaften Gesichtern. Und wir entdecken hier ebenso viel Buddhismus wie Konfuzianismus (die beide ja auch, obwohl keine Götter, wie in einem Götterglauben verehrt werden) wie in deren Tempeln. Unser chinesischer Freund bestätigt, dass sich die unterschiedlichen Formen alle untereinander im Laufe der Jahrhunderte angeglichen hätten.

Mit dem Schnellzug wieder zurück nach Shanghai (80 km in 20 min) lassen wir noch einmal die heutigen Bilder unseres Spazierganges in der Altstadt an uns vorbeilaufen: Enge Gassen, da verkauft einer in Bottichen lebendige Fische, Krabben, Krebse und anderes Meeresgetier, an Bambusgestellen wird Wäsche auf den Gehwegen getrocknet – endlich scheint wieder die Sonne, wenn auch hinter ziemlich diesigen Schleiern, aber es ist wieder sommerlich warm nach zwei Tagen Regen – aus Brunnen wird mit Eimern an langen Seilen Wasser geschöpft (nicht zum Trinken bedeutet mir eine Alte), kleine Handwerksbetriebe und Essküchen reihen sich aneinander und immer schlendern wir am zauberhaften Kanal entlang, in dem sich die Baumkronen spiegeln und jenseits des Ufers erhebt sich die alte

Stadtmauer. Und auf dem Kanal schwimmt ein Boot und einer mit einem Kegelhut aus Bambus geflochten, fischt mit einem Netz an einem langen Stiel die Herbstblätter und andere Pflanzenteile heraus. Und das Wasser ist tatsächlich blitzeblank, wie auch die Gassen, die ständig gefegt werden. Und da sind wir am „Couple`s Garden" angekommen: Wieder so eine Rückzugsstätte eines ehemaligen Kaiserbeamten. Du läufst wie in einem Labyrinth durch Gärten mit Miniaturgebirgen, Teepavillons in kleinen Teichen mit Lotusblumen und wunderschönen Blumenarrangements in den zahlreichen Gebäuden im Pagodenstil.

    In einem Restaurant, ohne englische Untertitel in der Speisekarte, gesellen sich sofort zwei junge Chinesinnen zu uns, um mit ihrem chin.-engl. elektronischen Wörterbuch auszuhelfen. Und wieder klappt es wunderbar. Wir bekommen viel Gemüse, Pilze und Reis. Mit dem Stäbchenessen geht es inzwischen, aber zuschauen dürfte keiner. Im Übrigen ist es auch nicht unbedingt beglückend, den Einheimischen beim Essen zuzuschauen. Der Kontrast zwischen der alten Stadt und der modernen ist dann schon gewaltig, aber dennoch besticht überall das Grün der Alleen und die Pflanzenvielfalt.

Während der Zugfahrt kommst du aus dem Staunen nicht heraus; es gibt keine ununterbrochenen Landschaften. Die Bilder, die an dir vorbeifliegen, sind dicht aneinander gereihte Hochhäuser, dann wieder zwei-dreistöckig bewachte Eigenheime, zwei-dreistöckige Hochbahnen für Züge, Autos, ein Gewirr von hochgestelzten Trassen in alle Himmelsrichtungen, dann wieder Obstbaum- oder Gemüsekulturen. Es ist der helle Wahnsinn! Ganz besonders beeindruckt sind wir von der ausgezeichneten Organisation in den riesigen Metrostationen: Du findest alle Wege zu den gesuchten Zügen, Richtungen und Ausgängen nach nur kurzem Suchen – sogar ich würde es alleine wagen. Was das menschliche Miteinander anbelangt, bezüglich Rücksicht z.B., zumindest in Stoßzeiten, darfst du allerdings nicht deine gewohnten deutschen Maßstäbe anwenden, natürlicherweise wie so oft.

Hangzhou - Unser Professor

Und wieder sitzen wir mit dem Professor für Mathematik und seiner Frau beim Frühstück zusammen. Sie kommen aus Bielefeld und er hat hier seit seiner Emeritierung immer wieder eine Gastprofessur. So erfahren wir, dass es zum Frühstück noch mehr gibt als gekochtes Kraut und Broccoli, gebratene Spaghetti, auf denen unbekanntes Grünzeug liegt, was aber alles sehr gut schmeckt. Die gekochten Wurzeln aller Art, die für mich sehr fade schmecken und das Fettgebackene sowie lahme Pommes Frites und zuckersüße Kringel mit Sojabohnenpaste gefüllt, lasse ich schnell liegen. Die durch Kräuter und Gewürze schwarz gekochten Eier probiere ich hier erst gar nicht. Aber bei der Einladung unseres chinesischen Freundes erfahre ich, welche Delikatesse dahinter steckt – welche Vorurteile sich doch alleine durch ein seltsames Aussehen aufbauen. Direkt am Tresen bei der Küche, meint unser Professor, gäbe es noch eine wunderbare frisch zubereitete Suppe mit einer Art schwäbischer Maultaschen darin (iss die mal mit Stäbchen!!!), Spiegeleiern „easy over" und Nudelsuppen mit den unbekanntesten Einlagen darin. Soviel wird sich uns verschließen, weil für uns die Sprache fremd ist und verschlossen bleiben wird.

Unser Professor (er hält seine Vorlesungen englisch) macht mit seinen Studenten die Erfahrung, dass sie die formalen Dinge sehr schnell aufnehmen, aber die Inhalte nicht zueinander bringen. Weiter macht er die Beobachtung seit einigen Jahren, dass die Jugend bis zum „hiesigen Abitur" sehr eifrig lernt, aber danach eine Art Laissez-Faire-Haltung einnehmen würde, so nach dem Motto, „wir haben diese schwere Hürde geschafft, jetzt machen wir mal langsamer, denn wir gehören eigentlich schon zur Elite."

Hangzhou – Einst Hauptstadt des Südreiches

In *Hangzhou* – im Mittelalter die Hauptstadt des Südreiches - ca. 120 km südwestlich von Shanghai, erleben wir nicht nur Parks und Gärten mit der künstlichen Abbildung der Natur. Vor uns liegt im hellsten Sommersonnenschein ein See, auf dem Drachen-und Pagodenboote ihre gemächlichen Bahnen ziehen, kleine Inseln ansteuern oder die Mitte des weiten Gewässers. *Der Westsee* ist auf zwei Seiten von dunkelgrün bewaldeten Bergketten eingebettet. Das Auge kann sich vom Liebreiz dieser zauberhaften Natur nicht losreißen und so vergisst man die zu Hunderten, ja bisweilen zu Tausenden strömenden Erholungssuchenden. Die Assoziation, einen 1,3 Milliarden Kontinent zu besuchen, bleibt nicht aus - und es ist ja auch Wochenende – so schlendern wir

trotzdem fast traumverloren auf den breiten Uferwegen zwischen den uralten Weiden entlang, deren wehende Arme bis ins Wasser reichen. Hier zeigt sich auch wieder der ganze Modeschick einer aufstrebenden, selbstbewussten Nation.

„Jetzt würde ich gerne einmal wieder einen Weißwein trinken", meine ich, um mein Wohlbehagen auszudrücken, wohl wissend, dass dies in China ein Ding der Unmöglichkeit ist. Und da steht doch fast im Moment meines Wunsches vor uns ein Weinlokal (geschrieben in lateinischen Lettern) mitten in einem schönen Garten. Allerdings ist für die Belegschaft das Wort Wein unbekannt. Auf der Getränkekarte gibt es nur Hochprozentiges. Ich zeige auf eine Flasche Rotwein, man fängt an zu verstehen. Aber wie sollen wir den Unterschied zwischen rot und weiß erklären? Ich zeige auf den Rotwein, schüttle den Kopf und zeige auf eine weiße Serviette. Da geht nach einigem Zögern einer Kellnerin das Licht auf und sie eilt zum ersten Regal. Tatsächlich, da stehen kleine Weißweinflaschen, 0.185 l, trockener Weißwein aus Südaustralien mit einem unglaublich hohen Preis. Frank besteht darauf, der Tag sei zu schön heute und nach vielen gescheiterten Versuchen des Verstehens wird das Fläschchen endlich in einen Sektkübel mit viel Eis versenkt. Frank zeigt auf die Uhr, in 20 Minuten werden wir wieder da sein, bezahlt und alle sind erleichtert, die Langnasen zufriedengestellt zu haben. Noch im Weggehen müssen wir über diese bizarre Situation lachen und ich staune über Franks Durchsetzungskraft.

Beim Genießen des nun wohl temperierten Weines, beobachten wir mit wachsendem Interesse und Vergnügen zwei schick zurecht gemachte Damen mittleren Alters – ein etwa 14-jähriger Junge ist mit Schreiben beschäftigt – wie sie intensiv mit ihrem Smartphone umgehen, sich selbstverliebt gegenseitig fotografieren, sich zusammen in Pose setzen und Selfies schießen. Dabei geht es munter bis ausgelassen her. Sie können nicht genug davon bekommen. Das Smartphone scheint überhaupt der Dreh-und Angelpunkt im Leben eines Chinesen zu sein. In der U-Bahn, im Zug, ja beim Gehen über die Straßen (was nicht ungefährlich ist), während des Essens wird das Ding benutzt. Es wird befragt, es werden Spiele gemacht, Karten gelegt, Seifenopern mit Hingabe reingezogen, ja sogar bei Paaren scheint diese stumme Kommunikation über diese Technik wichtiger als das Gespräch untereinander. Wir kommen uns vor, wie nicht von dieser Welt, weil wir dieses Ding nicht in der Hand haben. Neulich in der Metro hatte ein junger Mann ein Buch in der Hand und las, das war nicht normal. Das Smartphone ist die Droge Nummer eins – aber wir sind wohl auch auf dem Wege dahin.

Der Zebrastreifen hat hier eine minderwertige Bedeutung, auch das Grün für den Fußgänger – allerdings umgekehrt ebenfalls. Zwar halten die Autos, die geradeaus fahren, aber es ist durchaus möglich, dass sich von rechts oder links einer dazwischenschiebt – so wäre ich am zweiten Tag fast überfahren worden. Fahrräder, Motorroller fahren sowieso bei Rot und du fühlst dich ständig auf der Flucht. Auf diesem Hintergrund war es schon gewagt mit gemieteten Rädern um den See fahren zu wollen. Teilweise gibt es extra Spuren für Radler und Mopeds – sie kommen mit ihren Elektromotoren lautlos heran – und du musst immer gewärtig sein, dass du auf engstem Raum überholt wirst, auch von den übergroßen PKWs, wehe du machst einen Schlenker. Bei einer kniffligen Situation musste ich absteigen und zwar mit dem Bein über den Sattel – und da wäre ich doch fast auf der Kühlerhaube des Autos hinter mir gelandet. Große Kreuzungen? Entweder ganz auf Lücke fahren oder Augen zu und durch. Entschädigt haben uns dann immer wieder die fantastischen Blicke auf den funkelnden See und hinter uns im Osten die sonnenbeschienenen Hochhäuser, die beschauliche Ruhe in den Pagoden und Tempeln auf den Bergen mitten von Pinien umgeben. Aber nachts hatte ich dann doch Alpträume.

Auf dem Wege zu einem Buffet in einem „Fresstempel" laufen wir durch lange Gänge, kommen mal an plüschigen, mal rustikalen Esssalons vorbei, an Chambre Separees und kleinen Wasserfällen, an üppigen Blumen –und Palmenecken, alles in ein etwas schummriges Licht getaucht. Und endlich kommen uns in diesem Labyrinth auch Menschen entgegen mit Bergen von glänzenden dunkelbraunen, in Sojasauce und Zucker geschmorten Hühnerbeinen, bzw.

Hühnerkrallen (hier wohl eine Delikatesse) und Schüsselchen mit anderen Fleischstücken. Wir kämpfen uns vor und durch an der mindestens zehn Meter langen Esstheke und bedienen uns hauptsächlich an der herrlichen Vielfalt von Gemüsen, dabei wirst du schon mal unsanft geschubst. Es schmeckt aber wieder einmal köstlich.

Vor uns sitzt eine laute Männergruppe. Fasziniert beobachten wir, mit welcher Geschwindigkeit sie mit den Stäbchen die vielfältigsten Schüsseln vor sich leeren, die Stäbchen irgendwo weit vor ihnen in den „Trog" führen, dann weit vorgebeugt in den Mund schieben, kaum gekaut, wieder ausgespuckt wegen der vielen Knöchelchen, nachgefüllt, ausgespuckt, der Kopf hängt inzwischen fast auf dem Teller davor. Unsere westlichen Maßstäbe taugen hier mal wieder in keinster Weise. Auch sitzen sie alle immer ganz dicht beisammen, fast scheint es, der Körperkontakt gehöre zu ihrem Selbstverständnis.

Nanjing

Es ist mal wieder unglaublich, was wir hier erleben. Nanjing ist auch eine mehrere Millionenstadt, aber hier wird noch weniger englisch gesprochen, geschweige denn geschrieben. So kämpfen wir uns sprachlich mit Händen und Füßen durch – endlich begreift am Infostand eine Angestellte, dass wir auch den Ticketautomat nicht benutzen können, wegen der fehlenden Kenntnisse in ihrer Schrift und so geht sie mit uns zum Automaten und wir fühlen uns wie Kinder an die Hand genommen, lässt mit unseren Yüans die Jetons raus für unser Ziel, das wir auf dem chinesisch-englischen Stadtplan angegeben haben, zeigt uns, wie wir sie handhaben müssen (was wir schon in Shanghai gelernt hatten) und verlässt uns stolz mit einem angedeutetem Lächeln, uns Ausländern geholfen zu haben. Am Ziel angekommen, mache ich mich auf die Suche nach einer Sprachvermittlerin. Wir werden noch viele Male Metros und Busse benutzen müssen, wir brauchen ein Mehrfachticket. Und da ist sie – sie versteht, was ich will und schließlich macht auch sie sich auf den Weg mit uns dahin, wo man so ein Ticket bekommen kann, aber eben auch nur auf Chinesisch

und so sind unsere Fahrten zu unseren historischen Punkten gesichert. Der kleine Sieg wird gefeiert mit einer Taxifahrt zum **Dr. Sun Yat-sen** Mausoleum auf dem *Purpur Golden Mountain* – einem ca.400m hohen, stark bewaldeten Hügel in der Jangtse–Flussebene.

Das Mausoleum ist ein gewaltiges, respekteinflößendes Bauwerk im chinesisch (pagodisch) –europäischen Stil, das man sich über 394 Stufen erkämpfen muss mit Tausenden von anderen „Schaulustigen", die sich ihrer Geschichte bewusst sind oder bewusst werden wollen über die alten verkrusteten Herrschaftshierarchien des Kaisertums. *Sun Yat-sen* ist der Vater des demokratischen Gedankens, der Idee, das chinesische Volk zu befreien, mit anderen politischen Bewegungen den letzten Kaiser vom Thron zu „jagen" (die Zeit war wohl reif, nicht nur in den europäischen Zonen) und mit seinen Leitsätzen, den Weg frei zu einer Republik zu machen. Er starb zu früh, *Mao Zedong* konnte sich mit seinen Ideen der Bauernbewegung durchsetzen und *Chiang Kaishek* floh letztlich mit seinen Nationalchinesen nach Taiwan (vormals Formosa).

Abends geraten wir auf der Suche nach einem stilvollen Restaurant in eine Falle, aus der wir uns nicht mehr befreien können. Wir steigen die Treppen hinab, ein großes edles Restaurant mit üppigen Pflanzen in einer weiten Halle eröffnet sich vor uns und da sitzen tatsächlich Gäste. Eigentlich wollten wir schon umkehren, aber da kommt eiligst ein Kellner auf uns zu und kaum machen wir den Mund auf, steht schon ein anderer vor uns, der uns mit gutem verständlichen Englisch einlädt. Er zeigt uns das Buffet – köstlich, von allem, was wir bisher vermissten – und meint, dass er sich nun die ganze Zeit um uns kümmerte. Dass das nicht ganz billig werden würde, ist uns beiden klar, aber wir saßen nun schon, hatten Spaß mit unserem waiter, der auch alsbald, nachdem wir gespeist hatten, leicht verschämt die Rechnung präsentierte, umgerechnet 75 Euro pro Person. Wir sind platt, aber der Wein war köstlich, ein Chardonnay aus Australien und es kam ein wunderbares Gericht nach dem anderen, angefangen mit den Austern. Leider mussten wir schließlich passen, die Flasche war leer, der Magen war voll – von unserem Portemonnaie will ich schweigen.

Im Hostel werde ich zu einem Geburtstag eingeladen, eine 18 –jährige kleine Chinesin freundet sich mit mir an, so schlecht wie ihr Englisch ist, so begierig ist sie, mit mir zu sprechen. Überhaupt machen wir die Erfahrung, dass die jungen Leute sehr kontaktfreudig sind, viel wissen wollen, viel reisen und nicht mehr in den alten traditionellen Spuren ihrer Eltern laufen wollen. So auch meine kleine Freundin, die nicht schon heiraten will, obwohl ihre Mutter sie dazu drängt, sie will viel Geld verdienen (sie arbeitet in der Sicherheitsbranche) reisen und hauptsächlich viel Spaß am Leben haben. Wie ähnlich sind sie da doch unserer Jugend. Ein Student, der im Hostel arbeitet, der uns in vielen Dingen behilflich war, lernt sogar deutsch, er will in Deutschland studieren. Und ich muss ein Stück von der fetten Torte essen und „Happy birthday" mitsingen. Meine Freunde genießen den Anschluss an den Rest der Welt.

Mit Hilfe von Englisch und Spanisch kommen wir dieses Mal mit einem Shuttlebus bis zum Eingangsplatz des Sun Yat-sen – Mausoleums, auf dem eine volksfestartig aufgeheizte Atmosphäre herrscht. Von dort aus suchen wir lange nach seiner *Memorial-Hall*. Überhaupt laufen wir in China immer wieder viele Kilometer am Tag. Oft fallen uns abends die Beine weg. Hier erfahren wir den ganzen

Werdegang dieses besonderen Menschen, aber nur wenige Touristen besuchen dieses so überaus, über die Geschichte Chinas so aufschlussreiche Museum. Alles ist still und beschaulich hier. In aller Ruhe können wir sein bewegtes Leben verfolgen. Er war ein Revolutionär, aber auch immer vermittelnd zwischen den Parteien, immer das Ziel verfolgend, den Norden und Süden Chinas nicht zu spalten. Hier in Nanjing war er seit 1912 Übergangspräsident, nachdem er 1911 mit Hilfe seiner revolutionären Ideen den letzten Kaiser vom Throne „fegte" und hier wollte er begraben werden.

Der buddhistische Jiming Tempel liegt zwar wunderschön auf einer Anhöhe, aber ist letztlich eine Enttäuschung. Weder kann man die siebenstöckige Pagode hinaufsteigen, um einen Ausblick auf den See zu erhaschen, noch kann man mehr die alte Stadtmauer durch den Hintereingang erreichen, wie versprochen.

Der Präsidentenpalast – er erstreckt sich Hunderte von Metern in die Länge - spiegelt mit eindrucksvollen Bildern und Texten den Kontrast wider einer in den Traditionen längst erstarrten Zeit der verschiedenen Dynastien und den blutigen Aufbruch in eine neue Zeit, deren neueste rasante Entwicklung einem den Atem nimmt. Unser

deutsch lernender Freund weckt uns sehr früh am nächsten Morgen, hilft uns die Koffer bis zur belebten, ja überquellenden Hauptstraße zu rollen und sorgt für ein Taxi zum Hauptbahnhof. Alleine hätten wir das nie geschafft. Der Abschied ist überaus herzlich, fast rührend und Frank muss ihm unser Dankeschön fast gewaltsam in die Tasche stecken. Wir hätten das nicht tun dürfen. Wir haben nie wieder etwas von ihm gehört.

Xi`an

Auch wieder eine neun Millionenstadt! Die Anreise mit der Bahn dauert acht Stunden und neben Reis-und bestellten Gemüsefeldern tauchen immer wieder Geisterstädte auf: In enger Konzentration uniforme Hochhäuser, einsam dastehend wie Gerippe, unvollendet, mit toten Augen, gespenstisch in den grauen Himmel ragend, weit und breit kein Kran zu sehen. Ein Italo-Kanadier, der schon zehn Jahre hier sein Zubrot mit Englisch-Unterricht für seine schmale Rente verdient, meint lakonisch, das seien Investitionsobjekte. Ich bin erstaunt, befinde ich mich im Westen? Andererseits meint er allerdings, dass die Partei entschieden hat, dass die Jungen nicht mehr bei den Alten leben sollen und so eine neue Wohnung bekommen. So sehen wir auch viele plattgemachte ehemalige Wohnstraßen, die neuen ehrgeizigen Projekten weichen müssen.

Über eine Stunde quält sich der Taxifahrer durch den äußerst dichten Feierabendverkehr – es ist unbeschreiblich, wie hier gefahren wird. Jeder wechselt die Spur, wie er will, quetscht sich dazwischen, hupt, nötigt, ich bin froh im Fond zu sitzen und wundere mich immer wieder, dass nichts passiert. Endlich hält er vor einem alten Torbogen, hinter dem sich eine ziemlich dunkle Gasse verbirgt, in der Händler dabei sind, ihre Verkaufsstände abzuräumen. Ein holpriger Weg erwartet uns, schließlich umgibt uns Finsternis. All das ist nicht gerade dazu angetan, unsere Anspannung zu lösen. Wir tappen in der Dunkelheit umher und finden unsere Bleibe nicht. Schließlich hilft uns ein junger Bursche. Er begreift, was wir suchen und wuchtet unsere Koffer vier Treppen hoch. Ein menschenleerer Gang, ein kaltes schummriges, niedriges Zimmer mit einem Bad, dessen Dusche nicht von der Toilette abgetrennt ist, empfangen uns – unser Mut sinkt auf den Tiefststand. Hier werden wir auf keinen Fall die Nacht verbringen, mag kommen, was will. Und noch in der Nacht machen wir uns auf die Suche.

Fast um die Ecke erleben wir ein neues, renoviertes Hostel mit einem hohen Zimmer und einer Treppe zum zweiten nach oben, mit einer breiten Liegewiese und einem nachgelassenen Preis zum Jubeln. Und so ziehen wir, kaum eingezogen, wieder aus und um. Noch nie wohnten wir so luxuriös (mit alten Kassetten in den Decken). Und der nächste Morgen zeigt uns vom Balkon aus, wie die Morgensonne eine alte Antiquitätenstraße mit bunt gemischten Händlern bescheint, die Sonnenstrahlen auf pagodenähnliche Dächer und alt chinesisch dekorierte Tore mit Drachen fallen und ganz oben auf Volieren mit Papageien und Leinen mit Wäschestücken treffen, die leicht im Winde flattern und zu alldem trägt der Wind auch noch angenehme Flötentöne zu uns herüber – so nah liegt neben dem tiefsten Desaster das Überaus-Angenehme. Wir sind in der Altstadt gelandet, in einer 400 Jahre alten Straße und erleben hier das alte China, wie es leibt und lebt.

Vor uns erhebt sich die 12 m hohe, 700 Jahre alte Stadtmauer. Einst umschloss sie 83 qkm Stadtfläche, siebenmal mehr als heute. Immer wieder mussten die Einwohner Überfälle fremder Reitervölker fürchten. Mit großem Spaß fahren wir mit einem Tandem auf der Zinnen bewehrten Stadtmauer, die so breit ist, dass mindestens sieben Elefanten nebeneinander marschieren könnten. Jenseits der Mauer, tief unter uns liegen Parks, abgetrennt von einem Wassergraben, in denen

sich das Volk an Fitnessgeräten ertüchtigt. Verwunderlich ist, dass sich zum Stadtkern hin Straßen entlang der Mauer ziehen, die stark befahren sind; die enormen Abgase werden ihr zusetzen. Kaum noch sieht man alte Wohnviertel, Straßen mit Suppenküchen schon gar nicht. Dafür erheben sich unzählige Hochhäuser, Kräne und Wolkenkratzer im ganzen Rund. Die vierspurigen Ausfallstraßen sind dicht gedrängt mit Verkehr. Auf der Mauer stehen alte, restaurierte, mächtige Pagodenhäuser in ihren prächtigen blauen, goldenen Farben und Wachtürme und überall umwehen dich die alten vergangenen Jahrhunderte – auf Englisch übersetzte Tafeln informieren den Besucher - und ich bin mal wieder froh in unserer heutigen Zeit zu leben.

In einem guten, rein chinesischen Lokal – der Manager kennt ein paar englische Wörter - bekommen wir schließlich einen langen kalten Entenhals (Fett und Knochen überwiegen) und dann große grüne Blätter an langen Strunken, in ungesalzenem Wasser gekocht und eine Schale Reis. Wir schauen voller Neid auf den Wok neben uns und auf andere duftende Schälchen. Beim Essen kommen wir uns wie die Hasen vor und warten lachend darauf, dass uns Löffel wachsen. Immerhin sehen wir auf dem Monitor viele Ausschnitte des Besuches unserer Kanzlerin beim chinesischen Staatspräsidenten in Peking. Von der Aufmerksamkeit und der Länge der Berichterstattung her, scheint unser winziges Land dem Riesenreich China nicht ganz gleichgültig zu sein.

Es geht durch holprige Straßen durch dichten Verkehr, die Bandscheiben werden einer harten Prüfung unterzogen und wir sitzen mit einer Gruppe von zwei Mexikanerinnen, zwei Französinnen, drei Australiern und zwei Franco-Kanadiern in einem Kleinbus. Ca. 45 km von unserer Stadt entfernt stoßen wir auf die weltberühmte Terracotta –Armee des 1. Qin-Kaisers Qin Shihuang, der sich als Gott-Kaiser fühlte und schon mit 13 Jahren anfing, sein Mausoleum zu konzipieren (um 220 v.Chr.). Unsere zierliche hübsche Chinesin, mit einem Generalsschritt in den Beinen und einem Englisch, an das man sich gewöhnen muss, setzt uns in Kenntnis, was uns erwartet, wie der weitere Verlauf sein wird und wann und wo wir uns treffen mit einer Stimme, die keinen Widerspruch duldet.

Und dann stehen sie vor uns die lebensgroßen Soldaten, überdacht mit einer hohen Stahlkonstruktion in einem schummrigen Licht in fünf Meter tiefen Gruben, in Reih und Glied, nur durch Lehmwälle getrennt. Sie stehen da ohne ihre bronzenen Waffen, die Hand aber zum Waffentragen geformt, in ihren Rüstungen aus vielzähligen Eisenplättchen, mit Kupferdrähten miteinander verbunden. Sie stehen da mit ihren hoch gewickelten Frisuren, jedes Gesicht ein anderes, hinter ihnen die Pferde mit geblähten Nüstern. Die Farben hat die Zeit und vollends das Öffnen der Gruben vernichtet. Sie stehen da in Reih und Glied bis weit nach hinten, soweit das Auge reicht – 7000 sollen es sein und man hat noch lange nicht alle ausgegraben - um ihren Kaiser, dessen Grab man 1,5 km weiter östlich gefunden hat und ihr Reich noch nach seinem Tode, wohl im zweiten Leben, zu verteidigen. Glaube an die Macht noch im Tode vor 2200 Jahren. Die verarmten Bauern, die diesem Kaiser Frondienste leisten mussten, revoltierten nach seinem Tod und zerstörten Teile dieses Quadratkilometer

weiten Mausoleums. Dennoch gehst du tief beeindruckt und leicht verwirrt von diesem Ort, wo Geschichte wieder zu leben anfängt.

Xi`an, in der Provinz Shaanxi, war überhaupt einmal der Dreh– und Angelpunkt, vor allem auch lange Zeit als Hauptstadt der chinesischen Geschichte. Hier sollen Teile des Nord-und Südreiches zusammengefunden und die Seidenstraße ihren Anfang genommen haben. So sagt es uns zumindest das Geschichtsmuseum (das größte und beste in ganz China, sagt man).

Das Aufregendste danach allerdings ist eine Fahrt zurück zu unserem Hostel, mitten durch die rush-hour - die Dunkelheit greift um sich – in einer elektro-motorgetriebenen Rikschah (Gott Lob von allen Seiten gegen die Kälte mit dicken Plastikfolien abgesichert). Der Alte fährt wie der Teufel, fährt halb auf dem Gehweg und knallt wieder runter auf die Straße, windet sich durch jede Lücke des Verkehrs – bei uns total verkehrswidrig – wechselt je nach Lücke die Spur, überholt rechts auf schmalsten Trassen, wo ich meine Augen verdecke und den Zusammenprall erwarte. Die Manöver sind meistens haarscharf, wohl vom Gefühl "kalkuliert", letztlich grandios gemeistert. Frank meint hinterher lachend, ich hätte ihm bei diesem Teufelsritt fast die Kleider vom Leib gerissen.

Wuhan

„Can I help you?", und schon wuchtet der junge Mann unseren schwersten Koffer aus dem Zug und er nimmt uns weiter unter seine Fittiche, kauft uns die Buttons für die Subway, fährt sogar die 15 Stationen bis Wuchang (ein Stadtbezirk) mit uns mit und rollt den Koffer bis in unser Quartier. Wir sind überglücklich. Beim Abendessen in einer sehr einfachen Inside-Suppenküche - die ganze Straße hängt voll von hungrig machenden Essensgerüchen - bestellt er für uns alle Zutaten, die wir wünschen und es ist einmal wieder köstlich. Ein Topf mit vielen Gemüsesorten, gegart in Öl und wunderbaren Gewürzen kommt auf ein kleines Tischfeuer, schon ziemlich verrußt, aber das stört uns schon nicht mehr. Daneben kommt eine weitere Schüssel mit weiteren Gemüsen, Knoblauch, Zwiebeln und viel Grünzeug, dann noch eine Schale Reis und eine Suppe mit Ei und Tomaten. Unser Freund Sam, sein richtiger Name ist unaussprechlich, studiert Englisch, da hapert es noch ziemlich, zeigt mir die Vokabeln, die er lernen muss und will in die Reisebranche. Der Abschied ist wieder einmal sehr bewegend und natürlich mit vielen Selfies, die er mit uns schießt. Ich möchte nicht wissen, in wie vielen Fotokästen wir schon verewigt sind.

Beim Einfahren des Zuges sahen wir eigentlich nur riesige Industrieanlagen. Jetzt aber stehen wir auf der legendären „Gelben Kranich Pagode", nicht nur erhöht durch viele Stockwerke, sondern auch noch durch einen Hügel (Schlangenberg), der ganz reizvoll inmitten der Stadt liegt. Sie wurde immer wieder aufgebaut, denn hier hat sich ein berühmter Dichter und Kalligraph in Legenden und im Stein verewigt. Der Blick vom obersten 5. Stockwerk ist unglaublich: Im 1.Rund angenehme zweistöckige, gut bürgerliche Wohnhäuser, im weiteren Rund kommt der breite Jangtsefluss ins Blickfeld, der vom Westen aus dem Himalaya kommt und wo die Sonne jetzt eine breite goldene Bahn auf den Strom zeichnet. Er fließt Richtung Osten, ca.1000km dahin, wo wir unsere Reise begannen. Und wieder müssen wir mehrere Male für Fotos posieren mit uns vollkommen unbekannten Jugendlichen. Aber sie sind charmant und wollen ihr Englisch an uns erproben. Oft kommen wir allerdings nicht weit damit.

Frank, der schon einmal vor 25 Jahren beruflich hier war, ist fassungslos, was er jenseits des Ufers sieht: "Da gab es nur kleine, niedrige Wohnhäuser!", meint er ungläubig, „ und jetzt ragen im weiten Umkreis Tausende von Wolkenkratzern in den Himmel bis zum Horizont. Ich fass` es nicht!" Zwei Brücken überspannen das Wasser, in dem Mao Zedong in einer seiner vielen Kampagnen unter den Augen Tausender hinübergeschwommen sein soll. Darunter ist auch eine moderne, gewaltige Hängebrücke. Nicht nur da erblicken wir die Hochhäuser, auch im näheren Rund sind sie absolut dominant. Und da blitzt ein weinroter Fels durch. Ich erkenne sofort, das kann nur das symbolträchtige Felsgefüge des *Revolutionsmuseums* sein: Ein Vogel, der seine gewaltigen Felsschwingen in die Lüfte erhebt, bereit mit seinem spitz zulaufenden Felsschnabel zuzustechen. Das ist das Motto dieses Museums, das die Geschichte des Niedergangs der 200-jährigen Qin-Dynastie, der mehr als 2000-jährigen Despotie des

Kaisertums und den Sieg der Revolutionäre dokumentiert, die endlich nach vielen Rückschlägen 1911 die Republik Chinas ausrufen können. *Sun Yat-sen* (siehe Bericht Nanjing) wird am 1. Januar 1912 der Übergangspräsident. Seine drei Leitsätze: Nationalismus, Demokratie und des Volkes Wohlergehen sollen in die neue Verfassung eingehen. Daraus ergibt sich übrigens auch die *„Kuomintang"*-Partei (die Nationalchinesen), die dann 1949 unter Chiang Kai-shek mit ihren Anhängern nach Taiwan floh.

Das Museum beeindruckt mich tief: Es hat in keinster Weise etwas mit der Kommunistischen Partei, die sich erst viel später entwickelte, zu tun, wie es ein Autor im Lonely Planet abfällig beurteilt. Er verkennt total die im Museum dargestellten Abläufe der Geschichte, auch der Bau wird sehr oberflächlich, eben auch abwertend dargestellt. Die vielen Sequenzen, die vielen Stränge, die letztlich zu einem blutigen Kampf führen gegen die Kaisertreuen, werden in Bildtafeln mit sachlichen Erklärungen und teilweise dramatischen Szenen nachgestellt. Die Reformanstrengungen des Kaisers und einzelner Gruppen, die immer wieder torpediert werden durch die royalkonservativen Kräfte und die „abzockenden" Kolonisatoren, sind Spiegel eines harten Kampfes einerseits gegen jahrtausendalte, etablierte, verkrustete Macht und andererseits gegen neue kapitalistische Macht aus Übersee, die letztlich nur auf Ausbeutung aus war.

Kein Europäer ist zu sehen, wir sind die einzigen und werden dafür auch sehr interessiert, heimlich und offen beobachtet. Im Übrigen, was wir in jedem Museum registrieren, ist die Lautstärke enorm, trotz des Gebots, leise zu sein. Vor allem Kinder tollen ungebremst (auch vom Aufsichtspersonal) durch die Hallen.

Wir sind in der Mitte des Reiches angekommen. Hier prallt Alt- und Neuzeit aufeinander, hier fand der erste siegreiche Aufstand gegen die Kaisertreuen statt. Hier werden weitere Hunderte von Wolkenkratzern hochgezogen, die Kräne bezeugen es. Abgezirkelte Viertel mit verlassenen alten Häusern werden dem Bulldozer anheim gegeben - was stehen da für Menschenschicksale dahinter. Aber hier findet das Leben trotzdem weiterhin auf der Straße statt mit wohlduftenden Küchen auf vier oder zwei Rädern oder mit anderen beweglichen Verkaufsständen, Flohmärkten und mit vielen Schreihälsen, die auch etwas loswerden wollen. Halb betäubt und geschafft kommst du in dein Quartier und denkst, was ist das für eine Welt.

Mit der Subway unterm Jangtsefluss durch und auf der anderen Seite wieder aufgetaucht ist mal wieder eine Gelegenheit sich total zu verlaufen. Aber dadurch entdecken wir alte, ehemals koloniale Straßen (immer ließen sie sich an Flussläufen, Häfen nieder) mit gewaltiger kolonialer Architektur, die heute zum Denkmalschutz Chinas gehören, verschlafenen schmalen Gassen mit Küchen-Gerüchen und trocknender Wäsche an Bambusgestellen auf den Gehsteigen und hoch oben aus dem Fenster an weit hinausreichenden Eisenvorrichtungen. Darüber türmen sich die Banken und Bürohäuser und endlich finden wir den Strom. Wir glauben zum Wasser vorzukommen und geraten dabei durch eine Verkaufshunde-Gasse. An Ketten und Käfigen werden die armen Tiere gehalten, deren erbärmliches Heulen durch Mark und Bein geht. Sehr schnell und ohne nach links und rechts zu schauen laufen wir zurück. Der Weg zum Fluss ist weiterhin versperrt durch monströse Gebäude, bis sich plötzlich ein Torbogen öffnet und den Weg zum Wasser freigibt. Und da erleben wir eine Strandpromenade mit Fitnessgeräten, wunderbaren Plastiken, Weidenwäldern neben Palmenhainen, Blumenarrangements neben Orchestergräben-und Bühnen und schließlich als Höhepunkt vor uns die Hängebrücke, die mit ihrem filigranen Seilgespinsten den gewaltigen Strom überspannt. Ein Sonnenbad in Spaghettiträgern rundet all meine warmen Gefühle ab.

Und wieder begegnen wir in einer Welt der fast totalen „Sprach- Schreib- und Leselosigkeit" einer liebenswürdigen Hilfsbereitschaft, einer Freundlichkeit - sie fühlen sich beschämt, dass ihr Englisch nicht besser ist - die sich manchmal nur in einem Lächeln oder einem winkenden Hallo zeigt. Ich bin von dieser Jugend begeistert. Mal sehen, wie sie die Zukunft gestalten wird mit ihrer Offen- und Direktheit. Der kleine Jing läuft hinter uns her, er möchte mit uns sein Englisch ausprobieren, welch tapferes Kerlchen.

Drei-Schluchten-Staudamm

Flaches parzelliertes Farmland fliegt an uns vorbei: Baumwollfelder, Gemüsefelder, ab und zu ein Wasserbüffel, ein paar Kühe, Weiler und tatsächlich Menschen, die auf den Feldern arbeiten. Dann beginnen sich Berge aus der weiten Landschaft herauszuschälen. Na, hier irgendwo dahinter muss sich ja einmal der Jangtse durch drei Riesenschluchten gequält haben.

Wir werden vom Bahnhof von *Ychang* abgeholt, umgehen den verstopften Innenstadtverkehr über den Highway und dann liegt das Kreuzfahrtschiff vor uns. Und es ist ein Luxusdampfer: fünfstöckig, dazu zwei Sonnendecks mit einem Fitnessraum im Eingangsbereich, natürlich Bar und Bühne mit Filmleinwand und viel Plüsch. Die Messinggeländer der Stockwerke glänzen wie Gold, immer wieder unterbrochen von Zwischenstücken, die in einem warmen Braunton, wie mit Ebenholz eingelegt, funkeln und überall findet man die glücksbringenden Symbole, die man auch an allen Tempeln und Pagoden sieht. Die weichen Teppiche mit zartem Blumendekor, die wie mit goldenen Damasttapeten überzogenen Wände, an denen gestickte Pflanzenbilder in Goldrahmen hängen, der Speisesaal mit kristallenen Lüstern, lassen dich in gehobener Stimmung durch das „Traumschiff" wandeln. Unser Zimmer glänzt in denselben Farben, große eckige und runde Spiegel mit Mäanderdekor, auch in Goldtönen gehalten. Ein kleiner Balkon an der Bordwand erlaubt uns herauszutreten, um vom 3. Stock aus, das ruhige Wasser und die vorbeiziehenden Landschaften zu bewundern.

Lautlos, fast unbewegt gleitet das Schiff an den noch dunklen, steil aufragenden Hängen vorüber. Sie sind bewaldet, übereinander getürmt, die senkrecht abfallenden Kalkfelsen kahl, mit schwarzen Einschlüssen. Gegen 6.30 Uhr sind wir auf dem Oberdeck; unser Schiff hatte vor einer Stunde abgelegt. Wir fahren durch die 1. Schlucht und ich bin überwältigt von der gewaltigen Kulisse. Vor dir steigen die Felsmassive bis zur grauen Wolkendecke hinauf, unter dir der breite Strom, der sich in Äonen von Jahren, vom Himalaya kommend, ein tiefes Bett in das Gebirge gegraben hat. Noch schwimmen wir vor dem Staudamm, dennoch ist der Jangtse so breit, dass unser

Riesenschiff um eine enge Kehre navigieren kann. Auf den Bergkuppen hocken moderne, hohe Wohnhäuser. Tempel würden hier besser aussehen. Die Sonne setzt sich durch und lässt das grünliche Wasser wie Smaragde aufblitzen.

Mit einem Bus werden wir über eine Schwindel erregende Brücke zum Jahrhundertbauwerk der Welt gebracht. Auf der höchsten Aussichtsplattform mit fantastischen Wasserspielen sehen wir auf die mächtige Mauer, die den Jangtse mit allen seinen Nebenflüssen staut. Das ganze Gelände ist sehr theatralisch gestaltet und auf einer Buchseite eines überdimensionalen metallischen Folianten ist die Entstehung des Dammes eingemeißelt. Mit seinen 2,3 km Länge und 20 m Breite gehört er nicht zu den gewaltigsten Dämmen, aber zu den effektivsten. Der gestaute See dahinter treibt 34 Turbinen an, die jeweils 700 Megawatt Strom erzeugen können. Seit Jahrzehnten ist es der Traum namhafter chinesischer Politiker und Wissenschaftler, diesen Fluss für die Energiegewinnung zu konzentrieren. 17 Firmen aus aller Welt gewann man für dieses Unternehmen, unter anderem auch Siemens.

Nachdem man einen Bohrkern, verewigt auf der Plattform aus purem Granit, in einer Länge von nur 31 km im sonstigen Kalkgestein gefunden hatte, beschloss man, einen „Gravitydam" zu bauen, der nur durch sein eigenes Gewicht die Stabilität gegen die enormen Wassermassen bringt. Eine Insel im Fluss bestimmte dann weiter den Standort. Dieses Drei-Schluchten-Projekt ist heute noch umstritten, denn damit wurden ganze Landschaften überschwemmt. Tausende von Menschen, die in den Tälern über Jahrhunderte durch Farmland ihre Existenz aufgebaut hatten, wurden in Hochhäuser umgesiedelt, mit der Maßgabe, moderner und bequemer zu leben. Man baute sie auf die Bergkuppen und siedelte wohl insgesamt über eine Million Menschen um. Die Anmut der einst bewaldeten, reizvollen Höhenzüge ging damit verloren. Für den Jangtse-Damm und die Staustufen „zersägte" man einen ganzen Berg und schloss die nackten Felsen mit Asphalt. Die Länge des gestauten Wassers ist ungefähr die Entfernung von Berlin bis nach Stuttgart, das Stauvolumen ist etwa doppelt so groß wie der Bodensee.

Unvorstellbar! 17 Jahre wurde daran gebaut, 2010 konnte der volle Betrieb aufgenommen werden. Aber welche Menschenschicksale stehen dahinter? Andererseits fielen durch die jährlichen Überschwemmungen davor dem Jangtse Millionen Menschen zum Opfer.

Bei uns wäre solch eine Entscheidung nicht möglich, allerdings haben wir auch keine Bevölkerung von 1,3 Milliarden Menschen. Welche Konsequenzen daraus noch entstehen könnten, ist nicht abzusehen. Die allgemeinen Sicherheitsvorkehrungen in China sind enorm, hier aber wurden sie auf das Höchstmaß getrieben. Der Abwurf einer hochkarätigen Bombe auf das Bauwerk wäre wahrscheinlich der Untergang Südchinas.

Dann erleben wir nachts die Schleusen. Unser 5.000t Schiff fährt mit zwei anderen Lastkähnen in die Kammern ein. Du siehst, wie sich die Tore hydraulisch schließen und das Wasser schnell steigt. In der 5. Kammer, der letzten werden wir 134m hoch gehoben. Du bist eingeschlossen zwischen den nackten hohen Wänden, ich erreiche sie mit meiner ausgestreckten Hand. Und du fühlst dich beklommen, der Himmel entzieht sich deinem Suchen, das Schiff ächzt und quietscht, die Sandsäcke schlagen dumpf an die Mauern und die Seile scheuern an den Pollern. Am nächsten Morgen wache ich erleichtert auf, der Schleusenspuk ist vorbei und vor mir breitet sich eine riesige Wasserwüste aus, weit in der Ferne begrenzt durch sanftes Bergland, das sich wie Schatten im Morgennebel gegen den blassen Himmel abhebt.

Im Sampan schippern wir durch eine enge Nebenschlucht. Die fast senkrecht aufragenden, tiefgrün bewaldeten Höhenzüge lassen erahnen, wie tief einmal die Talsohle gewesen sein muss. Die Worte unseres gut englisch sprechen Guides bewegen mich tief. Er klagt die Regierung an, aber ohne den Wunsch nach einer Demokratie. Er ist hier aufgewachsen. Bevor der Damm gebaut wurde, floss im Tal ein reißender, teilweise schiffbarer Fluss. Die Boote mussten per Menschenkraft hochgeschleppt/getreidelt werden, Die Bauern hatten ihr Auskommen, die Dörfer hatten ihre Dorftempel. Alles wurde dem Staudamm geopfert. Die Menschen, die teilweise Generationen hier lebten, saßen auf den Hügeln und sahen zu, wie täglich Meter um Meter ihre Häuser, ihre Äcker, ihre heiligen Tempel im Wasser versanken. 900–1000 m tief unter uns herrschte einmal reges Leben. Hoch über uns im Fels gibt es Höhlen, in denen hochrangige Vorfahren in Särgen - wie auch immer - abgesetzt worden waren. Und ich erinnere mich an die indonesische Insel *Sulawesi,* wo wir einem ähnlichen Brauch begegneten. Eine Kiste kann man noch in einer Grotte hoch oben im Karst entdecken. Außer der Kante eines Sarges beobachten wir noch viele herumtollende Affen. Jetzt herrscht das Leben auf den Bergkronen in unzähligen Hochhäusern, die bis zum Wasserspiegel heruntersteigen. Aber in den Hochtälern zwischen den Bergen gibt es noch viele Alte, die ihre Äcker betreiben und in die Städte herunterziehen mit ihren Erzeugnissen und ihren Legenden aus vergangenen Zeiten. Die Jungen ziehen weg und kommen nicht mehr wieder. Unser Guide wird wieder traurig: Er würde so gerne ein kleines Hotel auf einer Bergspitze betreiben und mit Touristen bergwandern.

Die Regierungsbeamten erlauben es nicht – sie arbeiten nur in ihre eigene Tasche, sie sind auf ihren eigenen Vorteil bedacht, meint er achselzuckend. Ich allerdings denke auch, dass sie mit einer Erlaubnis dem Individuum zu viel Zugeständnisse und damit Macht in die Hand geben würden, das ist parteiwidrig.

Die letzte Schlucht ist noch einmal spektakulär. Wilde, gezackte Felsen, die so senkrecht herabstürzen, dass nur noch Kahlheit den Felsen regiert. Wunderbare Farben geben dem nackten Stein trotzdem Lebendigkeit. Viele Teile haben sich gelöst und hinterlassen tiefe Einschnitte wie Wunden; die Erosion setzt dem Gestein zu. Weit über den Bergen ragt ein kahles Felsgebilde in den Himmel und dominiert die ganze Schlucht. Dann treten wir wieder aus ihr hinaus in die weite Wasserwelt.

Der letzte Tag unserer Schiffsreise führt uns in eine Geisterstadt hoch oben in den Bergen, über unzählige Stufen hinauf, mit einem herrlichen Blick auf den Jangtsestrom und die umliegende Berglandschaft. Die Tempel wurden von der unseligen Kulturrevolution zerstört, wieder aufgebaut und sind erneut Ziel vieler gläubiger Buddhisten. Sie stehen ganz im Zeichen unzähliger Geister und der Hölle. Wir werden durch zahllose Hallen mit wild dreinblickenden Statuen und Figuren geführt, die elendige Pein durchstehen müssen, fast wie bei uns im christlichen mittelalterlichen Glauben. Musste der böse Christ im Mittelalter nicht auch die Qualen der Hölle erleiden? Am meisten überrascht mich, dass einige Kantonesen aus Honkong sich weigern, durch diese Hallen geführt zu werden, so haben wir unseren weiblichen Guide für uns und dem australischen Paar alleine.

Der Kapitän, ein alternder Beau mit langen, ergrauten Haaren unter der Kapitänsmütze, verabschiedet sich formvollendet von seinen Gästen mit einem gesetzten Essen, kein Buffet wie sonst: Auf der drehbaren Glasplatte häufen sich die verschiedensten Schälchen mit chinesischen Köstlichkeiten, die wir tapfer mit unseren Stäbchen herausfischen – und ich schwärme einmal wieder von den Gewürzen und Gemüsen, ich könnte ewig weiteressen. Unser Service, ein hübsches, zierliches Mädchen mit einem zauberhaften Lächeln, ebenso ein hübscher junger Mann, extra uns zugeteilt, bedienen uns noch einmal besonders liebenswürdig und aufmerksam.

Unsere dreitägige Reise auf dem drittlängsten Strom der Welt zeigt uns immer wieder die rasante Entwicklung Chinas. Die Form vieler Bergkuppen kann man nur noch an der nicht abreißenden Silhouette der gewaltigen Hochhäuser erkennen. Die Berge sind von Highways und Hochgeschwindigkeitsstrassen durchzogen, der Fluss von modernsten Kabelbrücken überspannt. Nur da, wo sich tiefste und breiteste Schluchten auftun, wird der Menschenhand Einhalt geboten.

Das war unser „Chinesisches Traumschiff", das uns am nächsten Morgen Punkt acht Uhr am Kai von *Chongqing* hinauskatapultiert in die raue chinesische Wirklichkeit, in der wir wieder selber um alles kämpfen müssen. Schon der Lastenträger, er schleppt unsere beiden schweren Koffer jeweils an den Enden eines Knüppels, den er über die Schultern trägt und der Taxifahrer verlangen einen hohen Preis über den wir nur staunen können. Aber, was will man mit dem „guten" Hinweis nicht-zu viel-zu-bezahlen anfangen, wenn man so gar nichts versteht.

Chongqing

Die größte Stadt der Welt, mit 33 Mio. Einwohnern

Heute sehe ich zum ersten Mal eine Kehrmaschine in China, die in der Fußgängerzone ihre Kreise zieht und ich denke etwas besorgt, dass damit so viele Arbeitsplätze für Bedürftige verloren gehen. Diese kannst du beobachten, wo du gehst, sitzt und stehst. Mit ihren langen Weiden-oder Bambusruten kehren sie die Gehwege, die Straßen, die Bahnhofshallen, die Metroplattformen, die Restaurants – und wenn es möglich wäre, würden sie auch auf dem Jangtse kehren, der an manchen Stellen nicht immer so sauber aussieht. Eben beobachte ich eine ganz Fleißige, die mit Hingabe aus den Steinritzen der Gehweg-Platten die Zigarettenstummel kehrt. Ich bedeute ihr mit dem Daumen, wie toll ich das finde und sie bedankt sich mit einem breiten Lächeln. Da *Chongqing* sich auf vielen Bergen ausbreitet – man geht bergauf-bergab, treppauf-treppab und über viele Brücken, die Tiefen überwinden - wird diese Stadt so attraktiv, trotz der geballten Hoch- und Wolkenkratzerskyline, die dich ständig umgibt. Auf solch einer Brücke schaue ich hinunter und mein Blick bleibt an dunklen, abgewetzten, scheddrigen Häuserecken- und Eingängen hängen. Hier wird nicht gekehrt, hier bleibt alles liegen, hier ist keine Öffentlichkeit. Mein Blick wandert langsam aufwärts und da wird mir klar, woher die westlichen Rhythmen kommen: Zuerst erscheint die Öffnung wie ein dunkles Loch, dann irren Lichtspiele um tanzende Beine; ein Tanzsaal in einer kleinen Schlucht, davor sitzt der Kassierer. Du gehst weiter an fliegenden, sitzenden Händlern vorbei, aufgereiht wie Perlen an einer Schnur, es gibt nichts, was nicht verkauft wird, an Krüppeln, die ihr ganzes Elend auf deinem Weg ausbreiten, an sitzenden, stehenden, gehenden Essern, die ihre Nudeln aus dem Plastiknapf mit ihren Stäbchen in sich hineinschlingen, oft nebenbei ihr i-Phone/pad oder ihre Zigarette bedienen und an äußerst exotisch gekleideten, gestylten Damen auf halsbrecherischem Schuhwerk, bei manchen nicht eben geraden Beinen.

Ein Erlebnis ist auch die quietschende, ächzende Seilbahn, die dich über den Jangtsefluss zum gegenüberliegenden Ufer bringt von einem Stadtteil zum anderen. Lange müssen wir anstehen und vor allem ältere Leute, die bei Weitem in der Minderheit sind, lassen nicht den Blick von uns. Unter uns breiten sich die Abraumhalden der bereits platt gemachten Wohnviertel aus, die auch dieser Jahrhundert-Brücke Platz machen müssen. Kurz davor siehst du die uralten Katen der armen Bevölkerung – Wäsche hängt noch aus den Fenstern - nicht eben einladend. Sie wird das gleiche Schicksal ereilen, sie passen nicht mehr in die moderne Welt. Die Bewohner kommen in leere Hochhäuser mit allem Drum und Dran, die nur auf sie warten. Was wissen wir schon von dieser ganzen Problematik! Unter uns sehen wir unseren Luxusdampfer, der sich auf die nächsten Gäste flussabwärts vorbereitet.

Wir sind im älteren Teil der Stadt gelandet, hier sieht alles abgewetzter, müder, ursprünglicher aus, der Glanz fehlt. Es geht steil bergauf, vorbei an Menschengruppen, die auf niedrigen Plastikstühlen eng beieinander hocken, laut oder konzentriert leise Karten oder Chinesisches Schach spielen; auch viele Frauen sind dabei.

Und an einer Kreuzung lungert eine Gruppe von Männern herum, Zigaretten rauchend, in fleckigen Hosen und müden Gesichtern. Sie stehen nur einfach herum und warten. Es sind Handwerker, Klempner, Maler, Tapezierer, Schlosser, die auf Kundschaft warten: Alle ihre Handwerksutensilien stehen bei Fuß.

Und wir glauben es kaum: In einer Drogerie versteht eine Verkäuferin mit Hilfe ihrer Englischkenntnisse und ihres Übersetzungscomputers, was wir suchen. Sie besitzt sogar eine Mühle, um die Körner, die wir hier gefunden haben, kleiner zu schroten. Beide Seiten verabschieden sich glücklich voneinander. Die engen Straßen werden von Fußgängerwegen überbrückt, auch hier reiht sich ein Kleinverkäufer an den anderen. Man kann nicht weit hinaufschauen, die nächste Kehre ist schnell da. Und die Bergkuppen verschwimmen im Dunst.

Das „Three- Gorges-Museum" war eine Enttäuschung – wir dachten, noch mehr Informationen über unsere Drei-Schluchten- Fahrt zu erfahren, aber dieser Teil unseres Interesses war geschlossen. Dennoch: Die Architektur dieses Gebäudes, das auf einer Anhöhe steht, ist einmalig. Du bist unterhalb auf einem riesigen Platz, steigst Stufen empor und vor dir erhebt sich symbolisch in aller Macht die Staumauer. Davor wölbt sich eine stählerne Konstruktion, in deren Zwischenräumen Stoffbahnen unzählige Wellen imitieren. Dann gibt es noch viel Glas. Innen interessiert uns der Sino-Japanische Krieg, der in allen Einzelheiten und auch wieder sehr theatralisch dargestellt wird und die Gräuel der Japaner an der chinesischen Bevölkerung thematisiert. Pingao, unser chinesischer Freund, meinte in Shanghai auf meine Frage nach den heutigen Beziehungen zwischen China und Japan, dass in keinster Weise irgendwelche Versöhnungsanstrengungen von japanischer Seite aus unternommen worden wären. Vielleicht ist das mit ein Grund, dass noch so viel Hass in der Bevölkerung gegen die Japaner herrscht – es gibt in Spielen Zielscheiben, wo man auf sie schießen kann. Bis heute gibt es tatsächlich kein erkennbares Schuldbewusstsein der Japaner. Im Jahre 2005 kam es zu heftigen Demonstrationen, als japanische Einrichtungen in China die Kriegsverbrechen in Schulbüchern als „Zwischenfall" herabwürdigten.

Zum allgemeinen Verständnis, hier ein grober geschichtlicher Rückblick: Der erste Krieg zwischen China und Japan dauerte zwischen 1894 – 95 mehrere Monate. Es gab Streitigkeiten um den politischen Status Koreas, das bis dato ein tributpflichtiger Vasallenstaat Chinas war. Japan bringt den Königspalast in Seoul in seine Gewalt. Durch viele Niederlagen legt die chinesische Armee die Schwächen einer veralteten, strukturell verkrusteten kaiserlichen Dynastie offen. So wird Korea unabhängig und China verliert Teile der Mandschurei und die Insel Taiwan an Japan. Es ist ein Desaster, dass zwei widerstreitende Kräfte in Korea selber die Mächte außerhalb immer wieder leichter zu den Waffen greifen lassen. Die eine Kraft ist auf der Seite der sogenannten alten „Schutzmacht" Chinas, die andere ist für das wesentlich modernere, gut ausgebildete Japan. Der zweite Krieg von 1937-1945 hinterlässt tiefe Spuren im Land und im Gedächtnis der chinesischen Bevölkerung. Die japanische Armee treibt Tausende der Zivilbevölkerung nach Südosten vor sich her und begeht ein Massaker nach dem anderen. Das Schlimmste war wohl in Nanjing, wo an die 300.000 Einwohner und Kriegsgefangene ermordet und 20.000 Mädchen und Frauen vergewaltigt werden. Da greift Amerika ein, mit der Folge, dass Japan den amerikanischen Marinestützpunkt Pearl Habour zerstört. Das ist der Auslöser für Amerika, in den 2.Weltkrieg einzutreten. An das grausige Ende muss sicherlich nicht mehr erinnert werden.

Du verlässt äußerst bewegt und nachdenklich die Präsentationshallen, trittst hinaus ins helle Licht der Gegenwart und unter dir breitet sich ein weiter blankgeputzter Platz aus, auf dem auch jeder Krümel sofort entfernt wird. Es ist Sonntag und Hunderte von Menschen bevölkern den „Volksplatz". Familien mit ihren herumtollenden Kindern, Alte und vor allem Junge. Heiterkeit, Fröhlichkeit, fast wie auf einem Volksfest liegt in der Luft. Die Sonne lacht vom blassblauen Himmel und die Volkshalle auf dem gegenüberliegenden Hügel, architektonisch wie der runde Himmelstempel von Peking konzipiert, mit hoch geschwungenen Dächern, blitzt in den kaiserlichen Farben Gold, Blau und Rot. Innen stoßen wir alsbald auf unzählige Stuhlreihen im Rund, davor die präsidiale Bühne, darüber die Himmelskuppel.

Der *Arhattempel* ist bereits tausend Jahre alt mit seinen 500 Terrakotta-Arhats. Arhats sind im Buddhismus diejenigen,

die Gier, Hass, Verblendung vollständig abgelegt und damit bereits die Erleuchtung erlangt haben und bei ihrem Tode ins Nirwana übergehen. Ein zauberhafter, eindrucksvoller Tempel. Er erzielt eine mystische, für mich wundersame Ausstrahlung von einer Legende, einer Kultur aus längst vergangenen Zeiten, eingeklemmt zwischen gigantomanischen Stahl-Beton –und Glasbauten, die anscheinend auf ihre Weise den Himmel erreichen wollen. Und es wird weiter gebaut, ein undurchdringlicher Bauzaun umgibt die antike Stätte.

Nachts schlendern wir durch die hell erleuchteten Fußgängerzonen, der Blick ist nach oben gerichtet, der Kopf stets im Nacken, die Lichtspiele und fantasievollen Kronen der Wolkentürme sind übermächtig, die geballte Macht der Skyscraper flößt Angst ein. Angst davor, wie das alles enden soll; die Bauwut ist ungebremst, Angst vor der wahnsinnigen Schere, die sich da auftut zwischen arm und reich. Und das im Reich des Einparteiensystems. Wir können so viel nicht verstehen. Die riesigen Shoppingmalls mit Namen von Armani, Cartier, Prada, nur um einige zu nennen, sind kaum belebt, auch die kleineren Edelgeschäfte sind fast leer. Dafür stehen Unmengen an Serviceleuten herum, die den ganzen Tag darauf warten, irgendjemanden zu bedienen. Überhaupt habe ich den Eindruck, die ganze Nation wartet auf etwas, immer noch auf etwas Besseres? Nur die Garküchen, ganze Straßenzüge leben von ihnen, sind meistens voll. Hier spielt sich das gesellschaftliche Leben ab.

In der *Guild-Hall* lernen wir Christine kennen. Für uns spricht sie perfekt Englisch und verkauft uns sehr redegewandt und mit einem fundierten Wissen ein kleines Pferd aus Jade, dessen Original bei Aufräumarbeiten des Guild-Hall-Palastes, wegen *der Kulturrevolution* tief vergraben unter der Erde mit vielen anderen Kostbarkeiten gefunden wurde. Diese Geschichte bewegt mich – das Pferd sieht sehr ausdrucksstark aus und der Manager (von der Regierung beauftragt) kommt uns preislich sehr entgegen und so wird der Handel perfekt. Die wunderschön restaurierte Guild-Hall galt vor Jahrhunderten für viele Zuwanderer, die aus anderen Provinzen flohen, wegen Überschwemmungen, Kriegen, Repressalien, Hunger, als eine Art Sozialstation, wo Schwachen geholfen wurde, wo man seinen Künsten und Handwerken nachgehen konnte, vermittelt wurde und wo Feste gefeiert wurden. Dieses antike Gebäude ist wie ein Tempel - in seiner Mitte sitzt auch wie ein Kaiser eine wichtige Person – mit seinen geschwungenen Dachgiebeln, die im Maul eines Drachens enden und es wandert den Berg hinauf, den wir bei der Seilbahn-Tour unter uns sahen.

Auf den oberen Etagen schauen wir auf die Riesenbrücke, die sich hochmodern und elegant über den Jangtse schwingt, eine Personen-, PKW-und Eisenbahnbrücke auf zwei Etagen. So prallen wieder alt und neu aufeinander.

Christine begleitet uns in die Stadt hinauf auf Schleichwegen über alte, brüchige Stufen zwischen baufälligen, abbruchreifen Hütten, durch Wohngebiete, die bereits abgerissen sind. Über unseren Köpfen kreisen Kräne und sie bemerkt lakonisch: „These are our yellow cranes", dies sind unsere gelben Kraniche. Und sie verhilft uns zum Schluss zu einem köstlich- chinesischen Essen. Bei manchen Fragen wird sie einsilbig, so bleibt das Gespräch leider letztlich oberflächlich.

Chengdu

Die Hauptstadt von Sichuan

China hat inzwischen 160 Millionenstädte; es ist müßig zu betonen, dass Chengdu eine davon ist. Auch sie hat eine reiche Geschichte hinter sich, wurde in vielen wechselnden Reichen und von Dynastien als Hauptstadt erkoren, von einfallenden Feinden dem Boden gleich gemacht, die Bevölkerung niedergemetzelt und war doch immer wieder begehrtes Ziel von Zuwanderern. Sichuan ist eine wasserreiche, ansteigende Hochfläche, auf der südöstlichen Seite dem Himalaya vorgelagert. Lösböden, Schwemmsedimente machen den Boden fruchtbar, was wir schon auf der Fahrt nach Chengdu beobachten. Bergiges Land, auf denen Zedern und Pinien wie Scherenschnitte in den grauen Himmel wachsen, zauberhafte weite Täler mit grünen Gärten und Feldern fliegen zwei Stunden lang an uns vorbei, ein Garten Eden tut sich vor uns auf.

Als ich mich zu den Fahrgästen geselle, die bereits die Ankunft des Zuges am Ziel erwarten, spricht mich ein mittelalter Chinese an, der uns schon im Abteil auffiel, weil er sich durch Mimik und Gestik die Erlaubnis von uns einholte, sich auf unseren Koffer setzen zu dürfen. Ich lache und erwidere: "I don´t speak Chinese", er lacht zurück und quatscht einfach weiter, ebenso ich. Es gibt ein lustiges Redekauderwelsch und die uns inzwischen Umringenden verfolgen diese zweisprachige Szene mit einigem Gelächter. In einer Redepassage werfe ich hin: „Germany is far away from China", da schaltet sich ein hoch gewachsener junger Chinese mit Englisch-Sprachkenntnissen ein. Endlich gibt es ein für mich verständliches Frage–und Antwortspiel. Der damit abgehängte Gesprächspartner meldet sich wieder zu Wort und ich bitte mein neues Gegenüber doch zu übersetzen. „You are beautiful", übersetzt er. Ich bin überrascht und antworte mit einem meiner einzigen drei Wörter auf Chinesisch „Zisje - danke schön!" Begeistertes Lachen ringsherum. Der Zug hält, die verständnislosen - so beredten Annäherungsversuche verflüchtigen sich im riesigen Rund der Bahnhofshalle – sie haben doch Witz und Humor, die Chinesen, denke ich und fühle mich dabei sehr wohl.

Die Tage hier sind trüb, grau und kalt. Gott Lob haben wir ein gemütliches Zimmer mit Heizung in einem schmucken Hotel, das mich bei Sonnenschein und Wärme in helles Entzücken versetzt hätte. Mit seinem Innenhof, der Galerie ringsum und den goldbemalten, geschwungenen Dächern ähnelt es einem Teil einer Tempelanlage - überhaupt, scheint die ganze Straße aus einem Bilderbuch einer asiatischen Tempelstadt herausgeschnitten worden zu sein. Gleich am Eingang der Straße empfängt dich ein stählerner Einspanner, von einem kaiserlichen Beamten gelenkt. Soweit dein Auge reicht schmücken die Straße die goldenen Einfassungen der zweietagigen Schwungdächer mit ihren Drachen. Die roten Säulen davor oder integriert ins Mauerwerk, die roten Lampions, die zumeist aus dem 2. Stock hängen, lassen dich in eine Welt von gestern eintreten, wären da nicht die totschicken Auslagen hinter Riesenscheiben und tief ins Innere reichende Verkaufstische- und Flächen. Hochkarätige Juwelierzeilen, drei, vier nebeneinander, Keramik und Porzellan, chinesische Malkunst, ein Teehaus, in dem hinter der Schaufensterscheibe zwei hübsche Chinesinnen in alter Tracht und Frisur – heute sieht kein junges Mädchen mehr so aus – mit weichen, fließenden Bewegungen eine Teezeremonie zelebrieren und natürlich schicke Restaurants. Es erscheint mir heute noch wie Blasphemie, in einem traditionellen Teehaus einen Kaffee verlangt zu haben. Prompt ging die Kaffeemaschine zu Bruch, so bekamen wir grünen Jasmintee. Wir kamen uns wie Banausen vor und ich möchte nicht wissen, was das trotzdem überaus höfliche und dienernde Personal von uns dachte. Einen Tag später erfahren wir an Hand einer Tafel, dass einst hier vor dem Eingang der sehr alten Stadt das Nordtor stand, durch Kriege in Mitleidenschaft gezogen und vollends in der Kulturrevolution Maos (1966-1976) niedergerissen worden war.

In der Nähe unseres Domizils liegt ein wunderschöner Park, der vor subtropischer Vegetation nur so strotzt. Palmen, Bananenstauden, blühende Blumen, hochgewachsene Gladiolen, dazwischen Wasserläufe, ein See und ein Heldendenkmal fehlen auch nicht. Und man gedenkt der Opfer der Befreiungsaufstände im Jahr 1911, wobei *Chengdu*, eine wesentliche Rolle spielte im Kampf gegen die feudalistischen Zeiten des Kaisertums. Und dann stehen wir vor dem Tor des jahrhundertealten *Taoismus-Tempel* und mit meinem Sesam-Öffnedich Ausweis (eine Kopie unserer Pässe) kommen wir als „seniors" ticketlos hinein. Welch ein Kontrast bietet sich da zur modernen Stadt. Sofort werden wir wieder zurückversetzt in das China längst vergangener Tage und wir vergessen das hektische Treiben, das Hupen, den Stahlbeton und die Glasfassaden. Einer Legende zufolge stiegen zwei Unsterbliche aus dem taoistischen Himmel herab in einen der Gärten, in denen wir uns jetzt befinden und das war vielleicht der Grund, den Tempel im 9. Jahrhundert zu gründen – er gehört zu den national berühmten taoistischen Tempeln Chinas. Wir wandeln durch viele Hallen, davor stehen auf niedrigen Löwenpfoten metallene Gefäßwannen mit brennenden Incentstäbchen, von Gläubigen da hineingesteckt. Sie glauben, der Rauch trage ihre Wünsche und Gebete zum Himmel hinauf.

An den Flanken wachen Schildkröten, die Stelen mit poetischen Inschriften auf ihrem Rücken tragen. Die Eingänge zu den Treppen nach oben behüten grimmige Löwen. In der Haupthalle sitzen hinter erhöhten Glasschreinen die drei Ikonen der Reinheit, der Inbegriff höchsten taoistischen Glaubens, in ihrer Mitte der Höchste Lord des Himmels aus Jade. Gläubige knien davor und schieben Geld durch die Schlitze der vor ihnen stehenden Boxen. Insgesamt durchschreiten wir acht Hallen, treppauf-treppab, in wunderschön gepflegten Gärten gelegen und lernen auch im hinteren Teil des „Klosters" das soziale Zentrum des Lebens kennen.

Hier wird vor allem Tee getrunken, (in Plastikbehältern nehmen die Chinesen ihren Tee mit, egal wohin sie gehen, stehen oder zu tun haben, der wird dann mit heißem Wasser immer wieder aufgefüllt) Mahjong gespielt, auch gegen Geld (eine Art Solitärspiel), gestrickt, geklönt, Karten gespielt und vor allem palavert. Die jungen Leute allerdings widmen sich mehr ihren iPhones, versenken sich darin und nehmen ihre Umwelt nicht mehr wahr, auch nicht ihre Liebste oder ihre Liebsten, wie Söhnchen oder Töchterchen.

In der zugigen Sichuan-Opera-Halle (genannt Teehaus) ist vor allem erst einmal eins bemerkenswert: die Verkaufstüchtigkeit der Asiaten. An Angeboten wird mehr offeriert als an Darbietungen. Du wirst mehrmals aufgefordert, dich massieren und dir die Ohren putzen zu lassen, dann wird dir erklärt, was du alles umsonst bekommst - und dann kommt der Pferdefuß – nur wenn du ein Menue bestellst; das Glas Wein kostet dann wie zwei Flaschen Wein im Laden. Was du wirklich gratis bekommst ist der Tee, der in verlängerten Gießtüllen, bis zu einem Meter, mit heißem Wasser in Kesseln aufgefüllt wird, ohne dass du den Finger rührst. Die Vorstellung ist dann teilweise auch ohne Sprachkenntnisse sehr witzig. Aber das Rein und Raus während der Darbietungen, die permanenten Störungen dazwischen sind für uns doch sehr ungewohnt. Am Rande des Auditoriums werden Nacken und Oberarme auf Teufel komm raus massiert, die Zuckungen der bearbeiteten Körper scheinen zur Vorstellung zu gehören, nur die Ohren zum Ausputzen halten stille. Welch eine Welt! Neben uns spielt ein Youngster während einer dramatischen Szene auf der Bühne mit seinem i-Pad, vor uns verspeist hingebungsvoll genüsslich eine Familie ihr Menue. Das war unsere Sichuan-Oper, ein Erlebnis ganz unerwarteter Dimension.

Bevor wir an den Fuß des Himalaya-Gebirges fahren wollen, erleben wir noch das Zentrum der Stadt. Es ist ein Samstag-Nachmittag. Die U-Bahn ist zum Bersten voll, bei den Ausgängen schieben sich die Massen. Die Riesenplätze sind übersät von Menschen, in den Shoppingmalls geht es zu wie in einem Ameisenhaufen. Ganz Chengdu scheint sich im tiefsten Kaufrausch zu befinden. Durch die Fußgängerzonen hupen sich besonders rabiate Mopedfahrer die Wege frei. Bis du plötzlich in eine dunkle Gegend kommst, Gebäude sind tot, stillgelegt, Bauzäune sperren die Seiten ab, vergleichsweise wenig Menschen hasten an uns vorbei, schon wollen wir umkehren, wir suchen die Metro zurück. Da wird es wieder heller, ein Lichtermeer umgibt uns. Ein weiter Platz tut sich zu unserer Rechten auf und eine weiße alles überragende Plastik, mit zum Gruße erhobener Hand, steht im Mittelpunkt: *Mao Zedong*. Es ist tatsächlich noch die einzige Statue, die erhalten ist von diesem Politiker, der einst China mit den Bauern und Arbeitern hinter sich, aus Hunger, Seuchen und Analphabetismus führte, dann aber die Zeichen der Zeit nicht verstand oder verstehen wollte und wiederum viel Unglück über China brachte.

Er ließ die kaiserliche Prüfungshalle der letzten Dynastie abreißen und ein monumentales, säulenbewehrtes Gebäude für seine großartigen Ideen errichten. Daraus wurde dann hinter seinem Riesenrücken das Museum für Wissenschaft und Technik, heute offensichtlich still gelegt, abgeriegelt. Denn als ich es genau wissen will, ist der Zutritt nur für „Stuff only". Welche Wissenschaften und

Techniken soll(t)en da gezeigt werden? An der Seite stapeln sich Bücher aus zweiter Hand zum Verkauf, kein Mensch interessiert sich dafür – dafür ist allgegenwärtig die Polizei. Vor allem auf riesigen Plätzen steht sie da; die Angst vor Menschenaufläufen seit dem Massaker von 1989 sitzt tief.

Der Kontrast zwischen den winzigen „Einmannbetrieben", die an jeder Mauer, an jeder Ecke hockend oder stehend zu finden sind mit den sonderbarsten Angeboten, Männlein, wie Weiblein, jung oder alt zwischen den gigantomanisch himmelanwärts strebenden, architektonisch hoch gestylten Gebäuden (hier dürfen sich Architekten aller Nationen, für geringes Gehalt, endlich einmal austoben) ist einfach absurd. Und gerade schiebt sich zwischen uns und einem SUV (suburban Van) ein alter Mann, über seinen Schultern liegt ein Bambusstab, an deren Enden an Seilen Körbe schaukeln: Pampelmusen, groß wie Fußbälle, liegen darin. Hier muss jeder selber für sein Auskommen im Alter sorgen. Das macht erfinderisch, aber auch bitterarm.

Zurück in der überfüllten Subway werde ich mit meinen Blicken wieder darauf gestoßen: Ganz China hängt am Tropf des iPhones, am Tropf der Teeflasche und nach einem Blick auf die Einkaufstaschen, am Konsumtropf. Mein Umherlaufen wie „Alice-im Wunderland" der ersten Tage ist inzwischen einer anhaltenden, wachsenden Skepsis gewichen.

Bei den Pandabären

Der letzte Tag in der Stadt, in der wir uns schon fast wie zu Hause fühlen: Es gibt auch nur zwei U-Bahnen (die anderen sind noch im Bau befindlich) und wir wissen, wo wir was bekommen, sogar den Ersatz für Franks verlorengegangenen Rasierapparat, denn mittlerweile sieht er aus wie ein Strauchdieb oder freundlicher gesagt wie „Räuber Hotzenplotz". Unsere Bleibe ist fast luxuriös zu nennen, das Personal spricht ausgezeichnet englisch und ist sehr liebenswürdig. Was wollen wir mehr? Den weltberühmten Pandabären auf ihrer Zuchtstation noch einen Besuch abstatten.

Und es soll noch einmal ein überaus ereignisreicher Tag werden. Schon der Hinweg erweist sich als recht dramatisch: In der U-

Bahn, obwohl ziemlich dicht besetzt, durchstreifen Sicherheitskräfte, bis unter die Zähne bewaffnet, die Abteile. An den vier Eckpunkten des weiten Vorplatzes vom Nordbahnhof ist auf sehr hohen Podesten, fast wie Aussichtstürme, Wachpersonal postiert, mit Schlagstöcken, Schusswaffen, Helmen und finsteren Mienen, martialisch anzusehen. Unwillkürlich spüre ich die Spannung, die in der Luft liegt. Ich erinnere, im Internet die Schlagzeile gelesen zu haben, dass ein Chinese vom IS getötet worden sei und die Regierung dies nicht untätig hinnehmen werde. Mich schaudert bei dem Gedanken, dass bei uns solche Sicherheitsmaßnahmen eingeführt werden müssten, was auf dem Hintergrund des schrecklichen Blutbades in Paris sehr nahe liegt. Auf dem weiten Platz wimmelt es von Menschen, die auf ihren Gepäckstücken sitzen, die etwas verkaufen wollen, die einfach nur auf etwas warten. Den Busbahnhof können wir nicht finden, wie auch, so sprachlos wie wir sind. Also halten wir nach einem Taxi Ausschau. Unglücklicherweise will uns ein Fahrer genau vor dem Wachturm einer Sicherheitszone mitnehmen. Ein Securityman verbietet uns einzusteigen, wir sind irritiert, das Taxi fährt ein Stück weiter vor und wir springen schnell hinein. Der Beamte beschimpft lauthals den Taxifahrer, der schimpft zurück und fährt los. Fast glaube ich, wir würden verfolgt, aber nichts geschieht, nur unser Fahrer schüttelt den Kopf und lacht. Während der Fahrt vergeht uns aber das Lachen. Ein Blick auf das Taxometer zeigt mir, dass es sich anomal schnell dreht und so zahlen wir schließlich einen Mondpreis, das Vierfache vom Üblichen. Wir hatten in der Aufregung und Eile vergessen, einen annehmbaren Preis auszuhandeln. Und sich mit diesem Burschen einzulassen, der ziemlich dreist den Polizisten abservierte, lassen wir lieber bleiben.

  Hinter einem Gehege auf einem erhöhten Gestell liegt etwas Schwarz-Weiß-Pelziges – reglos! Erst nach einiger Zeit erkennen/vermuten wir, wo Pfoten, Kopf und Hinterteil dieses dicken Fellknäuels sein könnten. Es ist Schlafenszeit. Viele Menschen, egal wo wir uns befinden, sind unterwegs auf den vielen bergan verzweigten Wegen zu den verschiedenen Gehegen des Aufzucht-Reservats. Umgeben von der Hauptnahrungsquelle der Einsiedler, den Bambuswäldern, kommen uns die Gehege nicht unbedingt großzügig vor. Schließlich haben wir Glück und beobachten fast alleine mit unserem

Gegenüber, wie es aus seiner Schlafstarre erwacht, sich fast wie im Zeitlupentempo auf seine Hinterpfoten aufrichtet, dann ebenso träge auf die Vorderläufe, um in seiner vollen mächtigen Größe, endlich vor uns zu stehen. Inzwischen sind andere Beobachter hinzugekommen. Auch sie sind so fasziniert, dass sie zu schwatzen vergessen – Gott Lob! Unser Pandabär steht direkt vor uns – keine drei Meter entfernt. starrt uns mit seinen schwarz umränderten Augen einige Zeit verwundert?- irritiert? – nachdenklich?- verärgert? an und klettert schließlich, so unbeholfen wie es aussieht, geschickt die vier Sprossen zur Erde herunter. Da setzt er sich auf die letzte Sprosse, ergreift einen Bambuszweig und ---- umschließt tatsächlich mit seinem Daumen ein Bündel Blätter und führt sie zum Maul, mit dem er sie genüsslich abbeißt und anfängt zu kauen.

Hingerissen schauen wir diesem Urwelttier zu, dem man über die Jahrhunderte den Nahrungsboden entzogen hat und ohne die jetzige Sorgfalt der Menschen vom Aussterben bedroht wäre. Wir werden weiter belohnt und dürfen putzige Babies beobachten, die jetzt schon ihren Charakter zeigen. Einer bewegt sich ständig. Wenn auch sehr tollpatschig erklettert er schließlich nach vielen vergeblichen Mühen seinen Nachbarn, der sich alles gefallen lässt. Ebenso erleben wir es bei den Youngstern, der eine will balgen, der andere nicht – er sucht schließlich das Weite und sondert sich ab nach dem Motto: „Lass mir meine Ruhe!"

Die Rückfahrt mit dem Bus und das Umsteigen in eine andere Linie ist noch einmal ein Erlebnis. Der Bus, den wir brauchen, hält genau gegenüber. Aber der Mittelstreifen ist durch eiserne Gitter abgesperrt. Wo nun hinüberkommen? Schließlich sehen wir nach einigem Entlanglaufen am Straßenrand, dass an einer anderen Bushaltestelle der Mittelstreifen durchbrochen ist. Endlich haben wir die Mitte erreicht, aber auf die andere Seite kann man deswegen noch lange nicht, ein riesiger Bauzaun verstellt den Gehweg. So gehen alle Passanten entlang des Zaunes am Mittelstreifen, in der Hoffnung, dass sie kein Auto streift oder überfährt, das Hupen hinter ihnen zeigt die Gefahr an. So gehen auch wir. Aber langsam habe ich den Eindruck, nur wir hätten die Angst, überfahren zu werden. Für die anderen ist dies Normalität.

Aber ich denke auch, dass hier ein Mensch ganz anders bewertet wird und dieser dann mehr Selbstverantwortung übernehmen muss. Du kannst es aus verschiedenen Perspektiven betrachten. Ich betrachte es aus der Sicht der Rücksichtnahme.

Und noch ein Ereignis ganz besonderer Art widerfährt uns. Auf dem Weg zur U-Bahn, vorbei an unzähligen Einmann-Garküchen, beobachte ich eine junge Frau, die in der Hocke versucht, ein schweres Bündel auf ihren Rücken zu hieven, neben ihr ein Kleinkind und ein Koffer. Ich komme gerade noch dazu, um ihr die Schnüre, die schwer in ihre Schultern schneiden, auf den dicken Mantelkragen zu schieben und die Last von unten her zu stützen. Frank zieht ihren Koffer, so kann sie ihr Kind an die Hand nehmen. Auch ohne ein Wort zu verstehen, begreife ich, wie dankbar sie ist. Als wir uns trennen müssen, deutet sie uns unmissverständlich an, zu warten, geht wieder in die Hocke und öffnet ihren Koffer. Wir ahnen, was sie will und Frank läuft weg und ruft noch, „das kannst du nicht annehmen, komm!" Die junge Frau bittet inständig - ich bin hin und her gerissen, was soll ich tun? Ich zögere, laufe weg, halte inne, weil sie hinterherruft, zögere, sie läuft mir nach und drückt mir sechs Orangen und zwei Zitronen in die Arme und überschüttet mich mit Worten. Menschen umringen uns. Ich kann ihre Dankbarkeit einfach nicht zurückweisen.

Kunming

Eine seltsame – witzige Begegnung

Wieder einmal stehen wir etwas verloren auf einem Busbahnhof herum. Vor zwei Stunden waren wir mit dem Flieger in Kunming gelandet, der Hauptstadt von Yunnan, die südwestlichste Provinz von China, ca.1800m hoch, fast wie ein Sprungbrett in den Himalaya. Die Schnellbahn vom weit außen gelegenen Flughafen ins Zentrum ist noch nicht fertig gebaut, sie endet vorerst am Ost-Busbahnhof. Hier scheinen aber nur Fernbusse in die Provinz abzufahren. Mit dem Bus 22 soll es weiter gehen ins Zentrum, bis dicht zu unserer Bleibe, dem Cloudland-Hostel. Aber wo, kein englisches Schild weit und breit. Das Reisen hat uns inzwischen gelehrt, geduldig zu sein, irgendetwas wird sich ereignen.

Frank, in einiger Entfernung von mir scheint im Gespräch mit einem jungen Mann zu sein. Eine junge Frau kommt hinzu und nun will ich doch wissen, was da vor sich geht und geselle mich zu ihnen. „Steig ein", meint Frank, „er will uns dahin fahren, wo wir wohnen." Wir sitzen im Fond eines hypermodernen SUV (sub urban van, chinesischer Eigenmarke) und Frank erklärt mir, dass unser freundlicher junger Mann am Steuer nur über sein Handy mit ihm kommuniziert hätte. Englisch sei eine fremde Sprache für ihn, dennoch möchte er uns helfen. Ich bin sprachlos, beeindruckt, gerührt und bedauere mal wieder, diese Sprache nicht einmal ansatzweise zu sprechen. Und nun beginnt ein holpriges Frage-und Antwortspiel über das i-Phone als Sprachcomputer: Ob wir Amerikaner seien, woher wir kämen, warum wir in China seien. Schließlich möchten sie uns zum Abendessen einladen. Wir schauen uns etwas ungläubig an - in das Restaurant der Witwe von Deng Xiaoping. Danach würden sie uns zu unserem Hostel fahren. So dürfen wir diese Einladung nicht abschlagen, obwohl wir todmüde sind und uns eine anstrengende Unterhaltung bevorsteht.

Wir dürfen uns aus dem riesigen Essensangebot aussuchen, was wir wollen. Wir verstehen aber so gar nichts, so übernehmen unsere Gastgeber die Auswahl. Die drehbare Glasplatte auf dem Tisch füllt sich mit den köstlichsten, aber auch für uns mal wieder exotischsten Speisen. Während wir mit den Stäbchen mal aus diesem, mal aus jener Schüssel fischen, beginnt eine Unterhaltung zwischen seiner Freundin und mir dergestalt, dass ich auf meinen Block in englischer Sprache schreibe, "seid ihr Studenten, seid ihr ein Paar, wie heißt du?" Und sie tippt die englischen Buchstaben in ihr i-Phone und zeigt mir die übersetzten Antworten, die teilweise ein Kauderwelsch sind, aber deren Sinn man erraten kann. Sie schlägt vor, ihre Englischlehrerin zu werden. Ich erwidere, dass sie nach Berlin kommen soll und dann könnte sie englisch und deutsch von mir lernen. Das Ganze wird mit viel Gestik, Mimik und überaus herzlichem Lachen begleitet. Wir sind uns beide der urkomischen Situation bewusst und versichern uns lachend unserer gegenseitigen Sympathie. Desgleichen geschieht auch zwischen Frank und dem jungen Chinesen.

Er bringt uns ruhig und sicher durch den dichten Verkehr zum „Cloud Land" und lädt uns am nächsten Tag zum Tee in seinem Büro ein. Beim Abschied schenkt er uns noch eine Schmuckdose mit Nüssen, die von einem sogenannten Moringabaum kommen – das ist wohl sein Geschäft - viele Rätsel bleiben offen. Noch nie hatten wir so eine sprachlose, über eine Übersetzungsmaschine geführte Konversation, die uns dennoch näher brachte. Enorm, was Technik alles möglich macht.

Wir sitzen in Xingrongs Büro, gemietet in einem CNS - China News Services Gebäude im 5. Stock. Es ist klein, aber teuer eingerichtet. Xingrong schenkt uns Moringa Tee ein. Aber zuerst gießt er einen Schwupp Tee über eine Art Froschfigur, die auf seinem Glastisch steht, die in ihrem Maul eine Münze trägt. Eine Legende besagt, dass dieses Tier, mit Tee gefüttert, Reichtum bescheren wird. Diese Zeremonie wiederholt er immer wieder, so dass wir an seinen Glauben letztlich glauben. In winzigen Tässchen zelebriert er den Tee und i-phoned mit uns über „Moringa". Wir verstehen, dass Moringa eine Wunderpflanze sei, die mehr Gut-Substanzen enthalte als alle anderen. Er baue eine Plantage damit auf und habe schon 50.000 Moringa-Bäume gepflanzt. Das ist alles sehr mühsam zu verstehen und wir scheinen ungläubig dreinzuschauen. Denn er verschwindet einen Augenblick und plötzlich tritt ein mittelalter, vom Haupthaar her schon etwas gelichteter Chinese ins helle Zimmer. Er stellt sich englischsprechend vor, ist ein Nachbar von unserem Freund und alles wird verständlicher und leichter.

Die Früchte und Blätter der Moringa-Pflanze enthalten das Vielfache mehr an Vitaminen und Mineralstoffen als so manches Obst, so manches Gemüse zusammen. Als Zusatzernährungsstoff sollen sie Wunder wirken. Langsam kommen wir uns ein wenig vor, wie bei einem Verkaufsgespräch und machen über unseren menschlichen, nun nicht mehr i-Phone Übersetzer klar, dass wir fasziniert sind von dieser Pflanze, zuvor noch nie etwas von ihr gehört hätten und unseren Freunden in Deutschland davon erzählen würden, aber ansonsten nichts kaufen wollten. Bei der Verabschiedung laden wir ihn und seine Freundin zu einem Essen ein und wir verabreden, einen Termin über das Internet auszumachen. Aber welche Funktion er bei dieser Moringabaum-Geschichte ausübt, wissen wir letztlich immer noch nicht genau. So sind wir gespannt auf ihre Fortsetzung.

Bamboo-Temple – hoch über Kunming

Ein wilder Ritt wie in der Walpurgisnacht, nur nicht auf einem Besen, sondern als Beisitzer auf zwei Elektro-Scootern im hellen Sonnenschein, bringt uns in halsbrecherischer Weise durch den Verkehr hinauf zum Qiongzhu (Bamboo) -Tempel auf dem Yu'an Shan. Er ist einer der nationalen Schwerpunkttempel des Chan-Buddhismus. Vor zwei Monaten hätte ich mich noch keinem Motorradfahrer anvertraut, jetzt schicke ich nur ab und zu einen Stoßseufzer gen Himmel, bewegen wir uns doch inzwischen genauso geschmeidig und geschickt durch den Verkehrsstrom wie die Einheimischen. Endlich lichtet sich das Gedränge und wir schlagen den Weg in die Berge ein. In weiten Kehren geht es bergauf, vorbei an dichtem Gehölz. Frank macht es sichtlich Vergnügen auf diesem schnellen Stahlross zu sitzen und ich bin froh, dass mein Fahrer vorsichtiger zu fahren scheint. Manchmal allerdings geht auch mit ihm der Gaul durch, benutzt einen Schleichweg und ist plötzlich vor seinem Kompagnon mit Frank und freut sich diebisch darüber. Sein Freund quittiert dies mit einem sofortigen Überholmanöver, was nun Frank wiederum großen Spaß macht. Große Buben, denke ich und lache etwas gequält dazu. Am Tempel angekommen, handeln wir einen für sie guten Preis aus; sie werden auf uns warten und wieder zurückbringen. Es ist kühl hier oben und die Sonne steht schon tief.

Der Buddha-Bamboo-Tempel liegt einzigartig da in der Wald- und Berglandschaft und besitzt eine Sammlung von 500 Arhats (Gefolgsmänner Buddhas, die ins Nirwana eingetreten sind). In dieser Vielfalt und Ausdruckskraft habe ich das noch nicht gesehen. Und da stehen wir bewundernd vor den geschnitzten lebensgroßen Personen, geschaffen in der Tang-Dynastie, restauriert im 19. Jahrhundert von einem Meister und seinen Schülern. Sie stehen eng nebeneinander in Kammern, wie zu einer Versammlung gerufen. Sie sind so lebendig in Mimik und Gestik, dass man meint, sie müssen gleich anfangen zu sprechen und zu handeln. Viele sind darin überzogen, reiten oder surfen auf symbolischen Tieren, so dass man ihren Charakter herauszulesen vermag. Man sagt, dass sie von des Meisters Zeitgenossen, die sich erkannten, nicht gerade mit Wohlwollen aufgenommen wurden und er nach der Fertigstellung wie vom Erdboden verschwand. Was mich aber viel mehr fasziniert, sind die Ausmaße des Tempelbereichs, der sich immer weiter in die Höhe zieht, bis ich an die Grenzmauern stoße und hier die vielen Bambuspflanzen fast greifen kann, die ringherum wachsen. Und nun kann ich auch endlich die weiten Berge vor mir sehen, kultivierte Flächen, die sich in die Höhe ziehen, die runden bewaldeten Bergkuppen und die Einsamkeit spüren, denn keinem Menschen begegne ich weit und breit. Und das tut gut nach so viel Betriebsamkeit in den Betonmeeren. Es ist ein wunderbares Schauspiel, die Sonne hinter den Wellenbergen langsam untergehen zu sehen, um Europa zu erhellen, deren Menschen jetzt vielleicht gerade vom Frühstückstisch aufstehen.

Als die ersten Mönche vor vielen hundert Jahren hier ihren Tempel anfingen zu bauen, gab es weit unten im Tal auf der Hochfläche vielleicht einen Weiler, eine kleine Ansiedlung mit Fischern und Bauern. Als wir die vielen engen Serpentinen wieder herunterfahren, blicken wir auf ein Häusermeer, noch von der Abendsonne golden bestrahlt, deren Wohnkommoden, ob bewohnt oder unbewohnt, wie Stifte in den Himmel ragen und die sichtbar das weite Hochtal bis zum Horizont bevölkern.

Im Muslimviertel - Begegnungen

Das Provinzmuseum ist umgezogen, also landen wir im Moslemviertel, das auch schon Hunderte von Jahren hier heimisch sein soll, mitten in den Garküchen. Wir sind hoch erfreut, denn der Hunger nagt bereits an uns. Schnell ziehen wir an ganzen Fleischhälften, die an Haken baumeln, vorbei. Der Appetit wird noch angetrieben von den Gerüchen, die die Luft schwängern. Köstliche Düfte, ein herrlicher Augenschmaus, der sich übermächtig an allen Ecken und Enden nebeneinander, hintereinander auf deine Sinne legt. Alles wird in Öl gebrutzelt und du kannst zuschauen, wie das Gericht entsteht, von Anfang bis zum Ende. Mir läuft das Wasser im Munde zusammen. Ganz eng sitzen die Köchinnen mit ihren bunten Kopftüchern beieinander und werkeln, schnippeln, häckseln, reiben Kartoffeln, schneiden und rühren heftig in riesigen Blechpfannen auf offenem Feuer ihre Zutaten zusammen mit tausend scharfen Gewürzen. Wir reihen uns in eine lange Schlange ein. Hier kann man sich das Essen selber zusammenstellen. Auf einem Korb häufen wir eine Handvoll von diesem grünen Gemüse, eine Handvoll von jenem, da ein paar Morcheln, dort ein paar unbekannte Pilze, da gibt es ein paar Knollen, die wunderbar schmecken sollen und noch Einiges mehr. Unsere kleine schmale Köchin mit dem gelben Seidenkopftuch stülpt alles in ein Sieb, dieses hängt sie in ein kochendes Suppenbad und hängt noch eine Riesenportion Reisnudeln, auf die wir zeigen, hinein. Während alles köchelt, schüttet sie in einen Pappnapf (der stört uns inzwischen gar nicht mehr) eine vorbereitete Sauce, holt aus der schäumenden Suppe das gare Gemüse und die Nudeln, streut noch kleingehackte grüne Zwiebeln, Koriander, Knoblauch und anderes Kleinzeug drüber, drückt uns Stäbchen in die Hand und verlangt dafür lächerliche 10 Jüan, umgerechnet 1,50 Euro. Irgendwo finden wir einen Tisch mit zwei Stühlen, wo uns die Sonne auf den Pelz brennt, rühren das ganze Gebräu durcheinander, probieren die ersten Stäbchenbissen und sind selig, es ist wunderbar scharf. Wie haben wir uns daran gewöhnt und wir haben vor allem alle Kräuter dieser Welt im Mund.

Abends, bei untergehender Sonne oben auf der Terrasse in unserem Guesthouse - ich sitze gerade schreibend über unseren Erlebnissen – kommt ein junges chinesisches Paar dazu. Ich grüße mit „nihau"-Hallo - eines der wenigen chinesischen Wörter, die mir zur Verfügung stehen. Wir lachen uns an und spontan drückt er mir fast zwei Handvoll Mandarinen in die Hände. Ein dritter Abendsonnenanbeter kommt hinzu, auch hier wiederholt sich die freundliche Begrüßung und prompt bietet er mir von seinem geräucherten Fisch an. „Zisje", danke, mein zweites chinesisches Wort (das mir auch immer ein Lächeln einträgt), lehne ich ab, denn Fisch gehört nicht unbedingt zu meinen bevorzugten Nahrungsmitteln. Ich bin tief gerührt über so viel Freundlichkeit einer Fremden gegenüber. Nach einiger Zeit bedeute ich dem Paar, wie gut die Mandarinen schmeckten. Daraufhin kommt mit sehr brüchigem Englisch die Frage, woher ich denn käme. „Germany " er versteht nicht, aber der Fischanbieter hilft aus und übersetzt. Ah, die Verwunderung ist groß und einmal mehr bedaure ich, nicht die Landessprache zu beherrschen. Was wäre das für eine Unterhaltung geworden; man war sich schon so zugeneigt.

Xishan

Ein Abenteuer

Und wieder bahnt sich ein dramatischer Tag an. Mit dem Bus fahren wir bis an den westlichen Rand der Stadt zum Dian Chi-See. Hier essen wir erst einmal eine scharfe, leider kalte Nudelsuppe; es ist 14 Uhr und die Restaurants sind bereits geschlossen. Aber nun, wie weiter? Der weite See, in dem sich die Sonne spiegelt, ist zwar wunderschön, die vielen Menschen zu beobachten, wie sie mit hellem Entzücken die Tausende von Rotschnabelmöwen füttern, ist auch sehr vergnüglich, auch wenn ihr Gekreische beängstigend wirkt. Aber wir wollen hinauf zum Drachentor, hinauf auf den Xishan-Berg, um die Welt von oben zu bewundern, um oben im Westen näher bei der Sonne zu sein. Nach dem Plan gibt es zwei Seilbahnen, dazwischen Busse. Um zur ersten Seilbahn zu kommen, gelingt es Frank, eine Taxifahrerin dahin zu bewegen, obwohl sich für sie die Fahrt kaum lohnt. Nach jeder geschafften Etappe sind wir erleichtert. So ist unsere Verwirrung groß, dass der Ticketschalter zur Cable Car unbesetzt ist.

Die Kabinen stehen still im Depot und auch wir werden ganz still und wissen einmal wieder nicht weiter. War die ganze Anfahrt vergeblich? Neben mir steht ein sehr westlich aussehender, mittelalter Mann mit Brille und beherzt frage ich ihn, ob er denn wisse, warum die Bahn nicht fahre? Mit amerikanischem Akzent antwortet er „no idea". Er steht so unbeteiligt da, dass ich mich wundere, bis ich einen zweiten Amerikaner entdecke, der heftig mit einem Chinesen chinesisch debattiert. Ich bringe mich englisch in die Diskussion ein und erfahre, dass wir für einen bestimmten Betrag zur 2. Seilbahn hinaufgefahren werden. Wunderbar! Wir klinken uns ein. Gleich darauf sitzen wir in einem Kleinbus und ich erfahre, dass unser chinesisch sprechender Amerikaner in *Tsingtao*, in einer ehemaligen deutschen Bierbrauerei gearbeitet hatte und da sein Chinesisch gelernt hat. Tsingtao, ca. 200 km östlich von Beijing an der Küste, war der Versuch von Deutschen, hier eine Niederlassung einzurichten. Das Bier, übrigens sehr gut und der Name sind geblieben, die Deutschen sind verschwunden.

Ein großer Bus übernimmt den nächsten Teil der Bergtour. In engen Kehren - manche Ausweichmanöver sind haarsträubend – fahren wir durch dschungelartiges Waldgebiet, noch treffen wir Palmen an und immer wieder blühende Büsche. Keine Kurve gibt den Blick nach unten frei. Aber endlich sitzen wir in der Sesselbahn, die uns den letzten Teil über die hohen Baumwipfel und tiefen Schneisen hinauf zur Bergstation bringt. Und endlich: Hier gibt es freie Blicke nach unten auf den in der Sonne glitzernden See, der sich wie ein breites Wasserband, 40 km vom Norden nach Süden zieht. Das Drachentor, unweit vom Sessellift, stellt sich als Tor zu einer Ansammlung von Grotten, Gängen, Skulpturen und Pavillons heraus, die vor ungefähr 200 Jahren von taoistischen Mönchen in schwindelerregenden Höhen geschaffen wurden und es geht abwärts. Wir aber wollen zum Gipfel. Unbekümmert und glücklich über die zauberhafte Landschaft, die weit unten zu unseren Füßen liegt, steigen wir die steilen Stufen in Serpentinen empor.

Da sitzt ein älterer amerikanisierter Chinese am Rande der Stufen und spricht mich in gutem Englisch an. Und in der folgenden sehr humorvollen Unterhaltung erzählt er von seinem Deutschunterricht in den Staaten. Sein Deutschlehrer, lacht er, war immer empört über die amerikanische Aussprache seiner Schüler. Letztlich vergraulte er mit seiner Strenge viele Schüler und reduzierte damit drastisch die Anzahl der Lernwilligen. Er sei bereits in der dritten Generation Amerikaner. Er könne sich noch an einen Großonkel erinnern, der am amerikanischen Schienennetz zu grauenvollen Bedingungen mitarbeiten musste. Nun erfülle er sich einen Traum, die Heimat seiner Vorfahren kennen zu lernen. Geschichten gibt`s, denke ich hinter die man mehr steigen wollte.

Der Anstieg muss wirklich erkämpft werden, aber als wir aus dem Baumschatten heraustreten, die weiten angeleuchteten Gipfel mit den bereits tiefen Schatten vor uns und dem blauen See unter uns liegen sehen, ist alle Anstrengung vergessen. Wir genießen in vollen Zügen die Sonnen bestrahlte Bergwelt um uns, die Spielzeugstadt am langgestreckten See und es wird uns zu spät bewusst, wie tief die Sonne schon steht. Nicht mehr lange und sie wird hinter dem Bergsattel verschwinden. Eilig machen wir uns auf den Rückweg und sind erstaunt, die Abfahrtstore der Sesselbahn schon verschlossen zu finden. Wir finden einen anderen Zugang nach unten. Da wird uns bedeutet, dass unser Ticket, entgegen aller Versicherungen des Amerikaners, nur ein Einweg-Ticket ist. Der Mann will uns einfach nicht runter lassen, obwohl ich meine Börse zücke und ihm bedeute, den Rückweg zu bezahlen. Er klappt weiterhin seelenruhig die ankommenden leeren Sitze der Sesselbahn hoch. Wir sind aufgebracht, schimpfen in deutscher Sprache – englisch versteht er auch nicht, also ist es egal in welcher Sprache wir uns ärgern – dass wir unmöglich bei Nacht und Nebel diesen weiten Weg nach unten gehen könnten. Endlich bequemt er sich ans Telefon, er erreicht niemanden, so glauben wir, mein Herz rutscht in die Hosentasche und zum zweiten Mal bin ich richtig empört über dieses chinesische sture Verhalten. Und nun geschieht ein Wunder. Er bedeutet uns aufzusitzen und hinunter fahren wir in die Abenddämmerung. Kaum unten abgesessen, hält uns ein Angestellter die Rückfahrtickets mit der Rechnung unter die Nase und wir kommen uns wie Gauner vor, so wie wir in der letzten Stunde behandelt wurden. Egal, wir sind unten, aber wie geht`s weiter, stellen wir uns an diesem heutigen Tag zum wiederholten Male die Frage. Endlich sehen wir einen Bus und ein anderes Ticket erlaubt uns, einzusteigen und wir sind sehr erleichtert bis zur Endstation. Die Dunkelheit greift bereits um sich.

    Da gibt es einen „local bus 6", aber wo fährt er ab? Eine Passantin ahnt wohl unsere Nöte, wir werfen ihr den Namen „Kunming" zu, sie scheint zu verstehen und deutet mit ihren Händen straßabwärts, ein Mann zeigt ebenfalls dahin. So schlagen wir den Weg die Straße hinunter ein und da kommt der Bus schon von oben. Wir müssen rennen, um ihn noch zu erwischen. Zum Glück, noch einmal gut gegangen! Aber noch ist noch lange nichts ausgestanden, wir sind noch mindestens zehn km von unserer Bleibe entfernt. Der Bus entlässt uns mal wieder an einer Endhaltestelle, wo viele Busse zusammen kommen. Viele fahren von hier aus in alle Richtungen weiter, aber welcher ist vielleicht für uns dabei? Wir halten nach einem Taxi Ausschau, keines findet den Weg zu uns. Eine nette Busfahrerin - Frank hält ihr einen Plan mit unserem Stadtviertel hin - meint, dass der Bus 7 der richtige in unsere Richtung wäre. Also steigen wir in den Siebener. Ganz schnell merkt Frank, dass er in die falsche Richtung fährt und auch ich konstatiere, wenn auch ungläubig, dass er wieder in die Berge fährt, nur in die andere Richtung. Wir kommen durch dörfliche Einzugsgebiete, (sicherlich zu einem anderen Zeitpunkt hoch interessant) die Straßen werden sehr eng und holperig und sie führen immer höher hinauf. „Ich will heim in mein Bett, ich will nicht mehr ins Gebirge, ich will nichts mehr erleben", denke ich verzweifelt. Frank scheint derselben Meinung zu sein und so steigen wir bei der nächsten Haltestelle aus. Der nächste Bus zurück lässt lange auf sich warten und wir werden beäugt von den alten Einheimischen wie von einem anderen Stern. Und körperlich spürbar wird es wiederum, wie verloren man ohne Sprache ist und hier kommt noch die Leseunfähigkeit dazu. Zurück am Busbahnhof kommt endlich ein Taxi vorbei und bringt uns ohne Umstände und weitere Zwischenfälle glücklich „nach Hause". Nie zuvor haben wir uns am Ende eines Tag so wohl gefühlt in unserem Guesthouse.

Eine filmreife Szene

Heute am 1.Dezember ist die Wintersonne noch einmal so warm, dass man sich wehmütig an den Sommer erinnert. Ich laufe im leichten T-Shirt durch die Straßen, sehr zur Verwunderung der Einheimischen, die schon winterlich bekleidet sind. Heute dürfen wir unsere Visa nach Vietnam abholen. Nach Maßgabe des Internets (Regierungsbestimmung) haben wir bei der Beantragung 60 US-Dollar zu viel bezahlt, aber der Beamte hinter der Scheibe bleibt bei seiner Version und so nehmen wir eben die Einreisegenehmigungen für den 10. Dezember auch für einen erhöhten Preis entgegen.

Um 19 Uhr wollen uns die chinesischen Freunde – sie könnten unsere Enkelkinder sein – abholen. Wir wollen uns revanchieren und sie zum Essen einladen. Ohne ihre Sprach-Smartphones würde das gar nicht gehen. Und wieder warten wir, wie schon einmal, aber dieses Mal im Hostel. Sie kommen und kommen nicht. Wir wissen um die Verkehrsstaus, aber sie wissen es auch. Was wissen wir sonst nicht? Nach 45 Minuten erhalten wir von unserem Freund Xingrong eine Nachricht, dass er tief im Stau stecke und nicht wisse, wann er ankomme (die Nachricht über seinen Phone-Translater muss man teilweise erraten). Nach einer weiteren Stunde des Wartens, schlagen wir ihnen per Luftpost vor, das Essen auf einen anderen Tag zu verschieben. Ich denke noch, wie weit sie schon sein könnten, vielleicht schon fast vor der Tür und habe ein schlechtes Gewissen.

Dennoch bestellen wir uns in den etwas muffigen, kalten und düsteren Loungeecken (im Sommer muss es hier sehr kuschelig sein) ein bescheidenes Essen. Wir sind müde, etwas enttäuscht und verziehen uns nach oben in unser Zimmer, wo ich gleich in voller Montur unter die Bettdecke krieche, um meine eiskalten Füße auf einer Plastikwärmeflasche, die mir der gute Frank vorbereitet hat, aufzuwärmen. Jeden Abend freuen wir uns auf den Moment der Ruhe, der inneren Einkehr, wo jeder seinen eigenen Gedanken in irgendeiner Weise nachhängen kann.

Plötzlich klopft es an der Tür – es ist 21:15 Uhr. „Das kann nicht wahr sein", schießt es mir durch den Kopf. Tatsächlich, unsere beiden Freunde haben nicht aufgegeben, uns zu treffen. Xingrong entschuldigt sich tausendmal und wir geben unserer Freude Ausdruck, uns dennoch getroffen zu haben. Unser herzhaftes Lachen, denke ich, macht sie frei, sich auf unsere Bettkanten zu setzen und schon geht es in ein lebhaftes Englisch-Chinesisch und Chinesisch-Englisch ineinander über, mit dem Sprach Phone und Übersetzer. Dennoch! Unser Freund verschwindet plötzlich und taucht genauso plötzlich mit einer englischsprachigen Chinesin vom Empfangsschalter auf und alles wird wieder so viel einfacher. Xingrong hat sich herausgeputzt und sieht in seinem dunkelblauen Anzug und dem weißen Hemd darunter zum Verlieben schick aus. Und *Xie Hong Mei* hat mit ihrer feinen Art zu sprechen und ihrer unauffälligen Eleganz mein Herz sowieso gleich gewonnen. Ein ums andere Mal schauen wir uns an und müssen immer wieder lachen über die urkomische Situation. Unser Freund meint, er lädt uns zur Hochzeit ein, wenn er es schafft, seine Freundin von sich zu überzeugen. Wir verabreden einen anderen Tag, denn wir wollen morgen nach Dali hinauf in die Vorberge des Himalayas. „Wann gehen sie denn endlich" und ich sehe Frank an, dass er genauso denkt. Endlich, endlich erheben sie sich, sie wollen uns nicht mehr länger stören und wir haben nichts dagegen einzuwenden. In vier Tagen werden wir uns wiedersehen.

Dali – im Himalaya

In 2000m Höhe liegt Dali. Wir besuchen die Altstadt, die mit allen Kräften versucht, ihren altchinesischen Charakter zu bewahren. Ein Abglanz dessen ist erhalten geblieben und wird bestens renoviert. Du flüchtest von deinem Guesthouse „Jade Emu" (Betreiber ist ein Australier mit dem Wissen, was Westler lieben) über den viel befahrenen Highway, durchschreitest das Weststadttor und bist auf dem Weg zur antiken Stadt und wirst von einem sehr munter sprudelnden Wildbach begleitet, der sich seinen Weg über abgeschliffenes Felsgestein bahnt, gebändigt wird durch künstliche Einfassungen, durch Brücken fließt und an manchen Enden von großen Steinplastiken mit Sinnsprüchen in goldenen Lettern aufgehalten wird.

Dies ist alles zauberhaft und wirkt auch romantisch mit der alten Stadtmauer, vermutlich noch aus dem *Nanzhao-Königreich* im Mittelalter. Auch die kleinen Verkaufsshops passen noch gut hinein in die Häuschen mit dem Pagodenschwung. Und die vielen Garküchen, - ganze Bataillone könnte man damit versorgen - teilweise von alten Mütterchen und Opas betrieben, sind überhaupt noch das chinesischste und Beste an dem Ort. Wunderschön sind die immer noch blühenden Pflanzen: An hohen Mauern ranken sich zig-meterweise goldgelbe, fingerlange Blütenknospen, die sich dann vierblättrig öffnen, wie schmale Kelche. Überall blüht noch die Bougainvillea mit ihren purpurroten seidenartigen Blütenblättern, die dicht an dicht sitzen, einem Blütenmeer gleich. Erstaunlich in dieser Höhe! Und es gibt wunderschöne Blumenarrangements mit Azaleen, Bonsaibüschen, Palmen,

Pinien und wenn der Tag nicht so grau und nieselig wäre, meintest du, mitten in einer Mittelmeervegetation zu stehen. Ein Landschaftsgärtner hätte seine helle Freude daran. Alles andere ist der Tourismusindustrie zum Opfer gefallen. Die ausladenden, überbordenden Bekleidungsgeschäfte, Kosmetikläden, die marktschreierische Art, seine Waren immer noch besser anzupreisen als der Nachbar, die oft laute Musik dazu drängen die einstige Originalität des Ortes in den Hintergrund und man hat kaum ein Auge für die teilweise sehr alte, gut restaurierte chinesische Architektur. Dafür gibt es frisches Roggenbrot mit Kümmel – mal keine Pappe – in einem Kühlschrank lacht uns ein echter Goudakäse an und zum Mittagessen leisten wir uns Frankfurter Würstchen mit französischem Senf und Kühne Sauerkraut aus der Dose, was wir dann allerdings bereuen und dazu spricht man ein gutes Englisch und wird charmant und aufmerksam bedient. Überhaupt fragen wir uns, warum man in diesem hoch touristischen Ort so wenig Englisch spricht? Erkennen sie ihre Chance nicht, etwas zu verkaufen, wenn sie mit dir englisch sprechen? Es gibt lauschige Pensionen mit prächtigen Innenhöfen (wahrscheinlich kann man die zur Hochsaison gar nicht bezahlen). Aber Dali muss aufpassen, denn es wird Altes abgerissen und Modernes aufgebaut. Die Hotels und Gästehäuser schießen wie die Pilze aus dem Boden. Denn viele wittern hier ihre Chance zu schnellem Geld zu kommen. Wo auch nicht? Vor einer Bar mit echtem Kaffee und sogar einem Glas Wein steht ein SUV, ein hochrädriger BMW. Der Besitzer verhandelt mit einem Architekten. Seine Frau erzählt uns stolz in gebrochenem Englisch, dass sie ein Haus auf Zypern erworben hätten und die beiden Holzplastiken, die aussehen wie zwei Häuptlingsköpfe aus Afrika, seien antike Figuren aus dem einstigen Nanzhao-Königreich.

Cangshan – Nationalpark der 4.000er

Ein makellos blauer Himmel wölbt sich heute über uns und eine warme Sonne strahlt über einer Landschaft, die wie im Traum vor uns daliegt. Beides veranlasst uns, schnell unsere Pläne zu ändern. Im Osten hat sich unten im Tal der Erhai-Hu –See ein langes, tiefes Bett geschaffen, man sieht ihn ab und zu durch die Stadtmauern blitzen. Im

Westen erstrecken sich die Drei- und dahinter die Viertausender des *Cangshan*-Gebirgszuges, der bereits zum Himalaya gehört. Wie eine dunkle Wand hebt er sich gegen den hellen Himmel ab. Eigentlich wollten wir einen Autoscooter mieten und zum See herunter fahren, aber Mrs. Rabe (man ahnt die deutschen Vorfahren) empfiehlt uns wärmstens mit der Seilbahn auf den *Cangshan* zu fahren. Unsere robuste, sehr herzliche Engländerin betreibt ein gut gehendes Restaurant mit Café (Blue Gecko) und ein Guesthouse (Sleeping Fish), in einer sehr guten Lage. Sie arrangiert schnell entschlossen für uns eine Fahrt mit Taxi zur Seilbahn, serviert uns über eine gut englisch sprechende und charmante Kellnerin ein schmackhaftes Essen und ab geht die Post, Richtung Gebirge. Gut, dass sie uns gewarnt hat, auf kein Rückfahrangebot einzugehen, es wäre nur überteuert. Die Beifahrerin im Taxi versucht es nämlich mit allen Mitteln über den Sprachcomputer. Immer versuchen sie es bei mir und ich hatte noch die letzte Erfahrung etwas traumatisch im Kopf. Schließlich ruft sie sogar im Blue Gecko an. Endlich haben wir unser Ziel erreicht, steigen aus und laufen Richtung Talaussicht davon. Damit ist das Thema erledigt.

    Wir sind auf unserer Reise schon mit vielen Seilbahnen gefahren, aber hier haben wir das Gefühl, wirklich in den Himmel zu steigen, ohne je die üppige Pflanzenwelt zu verlieren. Wir schweben über sanfte Täler und tiefgrüne Berggipfel, über Schluchten und Höhenzüge bis auf 3000m hinauf, die Luft wird merklich dünner. Und wir steigen zu Fuß wieder über Hunderte in den Fels gehauene Stufen und kommen auf einen fast horizontalen Steinweg, von der Sonne überflutet, mit einem Blick in die Tiefe, der einem den Atem verschlägt. Weit unten - ob die Vögel in dieser Höhe je diese Tiefe erreichen? – liegt der See, fast so langgestreckt wie unser Gebirgszug. Dieser zieht sich 50km von Nord nach Süd, voller 4.000er Gipfel, 19 aufgereiht wie die Perlen an einer Schnur und dazwischen 18 tiefste Schluchten mit reißenden Wassern im Frühjahr. Hier entspringt auch der Rote Fluss, der uns auch in späteren Tagen immer wieder, bis nach Vietnam begleitet. Wir wandern auf einem gut ausgebauten Steinweg immer geradeaus am Hang entlang. Die Sonne legt sich wärmend auf unsere Haut. Der Blick zur Rechten geht immer wieder tief hinunter ins Tal und

bleibt auf der glitzernden Wasseroberfläche und an den dunkelgrün bewaldeten Bergflanken hängen und voller Wohlbehagen ziehen wir den moosig- tannigen Waldgeruch in unsere Nase. Zu unserer Linken – hier steigen die Bäume steil bergan – wachsen noch zarte, winzige blaue Glöckchen, gelbe Sternchen und rosa Kelche an kurzen Stängelchen. Hin und wieder ruft ein Vogel, hin und wieder grüßt ein Wanderer. Bezaubert und wie trunken schreiten wir aus, im Blick vor uns die Viertausenderkette mit einigen glitzernden Schneefeldern.

Der Steinplattenweg würde in einer Stunde bei der nächsten Seilbahn hinauf zu den Viertausendern enden. Leider ist einmal wieder die Zeit schon so weit fortgeschritten, dass wir umkehren müssen. Aber zu einem Pavillon hochzuklettern, mit einem letzten Blick über das Tal im sinkenden Abendsonnenschein, lassen wir uns nicht nehmen. Dann allerdings wird der Abstieg auf der anderen Seite etwas gefährlich. Die Stufen sind nass, sie liegen in der Nähe der schattigen Schlucht, so hangeln wir uns an Wurzeln und der Seitwärtskette langsam hinunter und erwischen eine der letzten Bahnen zurück ins Tal.

Im Guesthouse erleben wir eine Überraschung: Hinterm Empfangstresen antwortet uns ein intelligent aussehender, junger Mann auf unsere Frage nach der nächsten Verbindung zurück nach Kunming auf Deutsch und wir erfahren, dass er sich das Deutsch selber über Fernsehen und Internet beibringt. Er muss zwar immer wieder überlegen, aber man kann ihn gut verstehen und man merkt ihm an, wie stolz er ist, als Einziger vom Personal Deutsch zu sprechen. Er besorgt uns auch die Rückfahrtickets nach Kunming und als wir am nächsten Tag bereits an der Bushaltestelle stehen, kommt er mit seinem Fahrrad angebraust, um sich von uns zu verabschieden. Wir sind gerührt und versprechen ihm, mit ihm Kontakt übers Internet zu halten. Er scheint sehr glücklich.

Wieder fahren wir an üppigen Gemüsefeldern vorbei, wie mit dem Lineal gezogen liegen sie da und die Pflanzen stehen in Reih und Glied. In die Natur allerdings wird mächtig eingegriffen, die Flüsse werden zu Seen aufgestaut, halbe Berge verschwinden unter der Hand der Menschen und hinterlassen tiefe Wunden, die in der Sonne in allen Braun und Rottönen glühen. Auf hohen Berghängen winken riesige Windparks zu uns herunter und unzählige Trassen auf hohen Stelzen zerschneiden die Landschaft. Viele Betonpilone, noch ohne Brückenwege, kündigen an, dass die Entwicklung noch lange nicht beendet ist.

Ein taiwanesisches Paar, das im Bus mitgefahren war, bietet sich an, uns bei der Taxisuche und Adressenvermittlung zu helfen. Letztlich fahren wir zusammen in einem Taxi zu unserer Herberge.

Am letzten Tag unseres Kunming-Aufenthaltes im „Cloudland" fangen wir noch einmal die gemütliche und teils sehr harmonische Atmosphäre unseres Kiezes ein. Am nahe gelegenen See mit einem hübschen Park treffen sich die Alten zum Schwatzen, zum Spielen oder um einfach auf den Mäuerchen zu sitzen und ihr Pfeifchen zu schmauchen. Es wird übrigens unmäßig viel geraucht, wie wir beobachten, obwohl auf großen Plakaten davor gewarnt wird. Nur in den Zügen und Bussen ist es glücklicherweise verboten. Männer treffen sich mit ihren Saiten– und Zupfinstrumenten, stellen ein kleines Orchester zusammen, Frauen singen dazu. In einer anderen Ecke tanzen Frauen und Männer zu einer Konservenmusik und weiter weg, schon gegen Abend, wird Tai Chi geprobt. Alles macht einen sehr geselligen Eindruck. Überhaupt ist in China die Einbindung in eine Gruppe das A und O im Leben eines jeden Chinesen und bestimmt auch das Leben jedes Einzelnen. Angefangen hat alles einmal mit der Dorfzugehörigkeit. Hier war jeder Einzelne aufgehoben, musste sich aber auch ihren Gesetzen fügen. Hier hatte der lange Arm des Kaisers nichts mehr zu suchen.

Am Abend lernen wir noch Michél, einen sehr intelligenten und attraktiven Schweden-Brasilianer kennen, der in Schweden lebt und arbeitet und in Hongkong seinen Sohn von seiner geschiedenen Frau abholen will, die hier im Austausch studiert.

Außerdem ist da auch Melanie, eine junge, hübsche Französin aus Nantes, die vor ihrem Architekturexamen noch schnell eine lange Asienreise über die Mongolei, China, Myanmar und Thailand macht. Wer weiß, wann sie das dann noch machen kann. Diese Reise hat sie sich selber verdient, nicht einen Cent lässt sie sich von ihren Eltern geben. Wir verbringen zusammen unseren letzten Abend bei einem köstlichen Mahl und einer Flasche chinesischen Rotweins. Mit vielen Umarmungen und guten Wünschen verabschieden wir uns. Solche Begegnungen sind für uns das Salz in der Suppe unserer Reisen.

Jianshui

Eine ungewöhnliche Taxifahrt

Die Busfahrt geht durch bergige, hügelig sanfte Tallandschaften, die sich liebreizend, wenn nicht sogar romantisch bis zum Horizont dahinziehen. Und wieder all überall Gemüsefelder-und Gärten, man bekommt das Gefühl, China sei nicht nur eine einzige Baustelle, sondern auch ein einziger Garten Eden, zumindest in Südchina. Aber auch da sind sie wieder die rötlichen Steinbrüche, die Zementfabriken. Irgendwoher muss ja der ganze Beton für die hohen Stelzen und Wolkenkratzer kommen.

Der Einstieg in unsere Zwischenstation *Jianshui* ist von sehr deftiger Natur. Frank hat einen Taxifahrer engagiert, der aber nicht mit einem Taxi ankommt, sondern mit einem Gefährt auf drei Rädern. Ich stutze: Vorne beim Lenker ist der Sitz des Fahrers, dahinter hockt auf zwei Rädern eine kleine Lastwagenkarre, mit der unser Fahrer sicherlich normalerweise alles andere als Menschen transportiert. Ich habe auf unseren Reisen schon so manches erlebt; nun, warum nicht auch dieses zugige Gefährt. So bekomme ich ein schmales Plätzchen neben dem Fahrer. Das Gepäck wird in den Anhänger gehievt und Frank klettert dazu und kauert sich in die Ecke schräg hinter mich, was ihm anscheinend riesigen Spaß macht, während ich doch etwas mit ängstlichen Gefühlen zu kämpfen habe. Der Alte mit seinem verwitterten, aber sympathischen Gesicht lacht uns verschmitzt an. Immerhin hat er das Rennen vor all den anderen Transportanbietern gemacht und schleust sich leis-elektrisch in den Verkehr ein. Er fährt bedächtig, gewandt, zurückhaltend. Das gefällt mir sehr gut, denn die Straßen sind in den Abendstunden gedrängelt voll. So habe ich die Muße, mir das Gefährt genauer anzuschauen. Die Elektrokabel sind geflickt, am Gestänge nagt der Rost, einige wichtige Verbindungsteile sind mehrmals gelötet, das Ganze hat mal jüngere Jahre erlebt und war sicherlich auch sauberer. Da gibt es über das ganze vorsintflutliche Vehikel - später entdecke ich noch viel ältere – zusätzlich einen Gestängeaufbau, über das man bei unwirtlichem Wetter eine Plastikplane ziehen kann. Über meinem Kopf ist sie speckig und versifft zusammengerollt. Aber im Grunde genommen stört mich das nach fast drei Monaten Aufenthalt in China nicht mehr. Es ist mal wieder eine außergewöhnliche Situation, wie hier zwei unterschiedliche Kulturen aufeinanderprallen, die sich fest in meinem Herzen verankert. Der gute Alte biegt in ein Stadttor ein, die Straßen werden enger, die Beleuchtung schummriger, wir sind in der Altstadt. Einmal verfährt er sich und muss in der sehr schmalen Gasse rückwärts fahren, aber auch das macht er mit Bravour und setzt uns schließlich vor unserem Guesthouse ab. Über das Trinkgeld freut er sich königlich.

In unserem Zimmer ist es eiskalt, so frühstücken wir mal wieder im Bett und nur die Vorfreude auf die heiße Dusche bringt uns aus den warmen Federn. Aber die Sonne scheint prächtig vom Himmel herunter. Die Wärme erwärmt auch unser Herz und mit immer größer werdenden Augen ziehen wir durchs Städtchen. Auch hier blieb die Stadtmauer von der zerstörerischen Kraft der Kulturrevolution verschont. Hier trumpft der alte chinesische Architekturstil auf mit den ineinander und übereinander verschachtelten Giebeldächern im Pagodenstil. Auch unser Zimmer ist bis zu einem Viertel von einem angrenzenden Dach mit den nach oben gewölbten Ziegeln verdeckt. Die Fensterscheiben, auf denen immer hölzerne Gitter liegen, ist nur ein Merkmal alter chinesischer Baukunst. Zauberhaft sind auch die hölzernen Kassettentüren, deren einzelne Quadrate geschnitzte Geschichten aus dem Leben Konfuzius` erzählen. Wer sie kennt wird darin wie in einem Buche lesen können. Oft verzieren auch prächtige, vergoldete Vögel, die auf feingliedrigen Pflanzen sitzen, die Kassetten. Über den Türen und Fenstern sind auf hellem Untergrund vielfarbige Blumen-und Tierbilder gemalt. Es ist einfach ein Augenschmaus, diese antiken Häuser, wie Schmuckkästen. Reiche Kaufleute müssen hier gelebt haben und die Stadtverwaltung war klug genug, dieses Erbe gut zu verwalten.

Konfuzius

Aber *Jianshui* hat noch mehr zu bieten. Wir durchstreifen einen aktiven, lebendigen Buddha- und ebenso Tao-Tempel. Doch der Höhepunkt an diesem wonnig-warmen Tag ist der Konfuzius-Tempel. Unter einem wunderschönen Torbogen überschreiten wir eine hohe Schwelle gegen die Geister. Vor uns im hellen Sonnenlicht funkelt ein weiter See, an dessen Ende eine steinerne Bogenbrücke zu einem Pavillon führt. Wir wandern durch vier wohl gepflegte Gärten mit blühenden Pflanzen – hier entwickeln sich die Weihnachtssterne zu hohen Bäumen – und durch Haupt-und Nebenhallen, wo die examinierten Schüler bis ins 14. Jahrhundert zurück auf Stelen festgehalten sind. Und durch Inschriften an der Prüfungshalle, die auch wie ein Tempel angelegt ist und

gerade bis in die Details restauriert werden, erfahren wir, dass ein Kaiser in der Qing Dynastie die Examinierungshallen im 15.Jahrhundert hierher verlegt hat, sicherlich wegen des prächtigen 1287 gegründeten Konfuziustempels. Hier wurden dann die Probanden aus der ganzen Provinz über die Lehrsätze des großen weisen Konfuzius geprüft. Bestanden sie, durften sie die letzten großen Examina für die Aufnahme ins kaiserliche Mandariat durchlaufen. Schon alleine die Größe des Tempelareals von 76.000 Quadratmetern, das 50mal vergrößert wurde, sagt viel über die Bedeutung dieses Meisters aus. Übrigens wurde Konfuzius nicht immer verehrt. Er lebte vermutlich im 6. vorchristlichen Jahrhundert, musste wegen seiner Lehren öfter ins Exil und nur wenige Jahre kam er zu politischen Ämtern. Erst nach seinem Tode wurde er durch seine Schüler landauf, landab bekannt, die auch seine sittlichen und philosophischen Lehrsätze in Schrift-Sprache fassten. Es gab sogar eine Zeit, wo seine Anhänger verfolgt und hingerichtet wurden. Irgendein Kaiser erkannte dann, welchen Nutzen ihm seine Lehre bringen könnte. So ist das zentrale Thema seiner Lehre die innere und äußere menschliche Ordnung und Harmonie, die seiner Meinung nach nur durch Achtung vor anderen Menschen und Ahnenverehrung erreichbar sei. Er hob den moralisch einwandfreien Menschen hervor, der sich unentwegt darum bemüht, das Ideal der vier Tugenden zu erreichen: Mitmenschlichkeit, Gerechtigkeit, kindliche Pietät und Riten. So eröffnet sich dem „Edlen ,, die Wahrheit. Vor allem in der Bildung sah Konfuzius die Harmonie und Mitte, den Gleichmut und das Gleichgewicht als Ziel des Lebens. Und so herrscht bis heute der (inzwischen erstarrte) konfuzianische Geist in der Rechtsprechung und in vielen anderen Lebensbereichen. Das erfahren wir sofort an Hand eines eklatanten Beispiels. Wir kommen aus dem Tempel, sind voll des konfuzianischen Harmonie –Leitsatzes und sehen auf der Straße ein umgekipptes Motorrad liegen. Und wir beobachten mit Entsetzen, wie am Straßenrand ein Mann (wahrscheinlich der Fahrer) brutal verprügelt und wie mit den Füßen noch auf den wehrlos Liegenden eingehackt wird. Der Höhepunkt unserer Empörung wird erreicht, als die Polizei naht, das ganze Geschehen offensichtlich wahrnimmt und letztlich einen großen Bogen um das gestürzte Fahrzeug, die Prügelnden und das Opfer macht, so wie alle anderen Gaffer es auch tun. Natürlich gäbe es für diese Situation keinen weisen Lehrspruch, Konfuzius hat weit vor unserer Zeitrechnung gelebt. Wir haben in schlauen Büchern gelesen, dass er geraten hat, den Richter zu meiden, sich immer friedlich zu einigen und Harmonie anzustreben. Der erste Rat trifft trefflich zu, die Folge daraus ist erschreckend. Gleich darauf liegt eine Henne auf der Straße, will davonfliegen, kann nicht. Ich denke der Motorroller davor hat sie überfahren. Da hält die Fahrerin desselben Gefährts, steigt ab, geht lachend auf die hilflos flatternde Henne zu, umgreift sie - und da sehe ich, dass die Beine eng zusammengebunden sind – trägt sie zu ihrem Roller, setzt sie zwischen ihre Füße und fährt davon. Die Henne hat wohl gelernt, sie bleibt jetzt friedlich-angstvoll sitzen. Auch wenn Konfuzius direkt nichts damit zu tun hat, so gibt es doch Ozeane von Mentalitätsunterschieden. Von den kurz angebundenen Hunden, die stundenlang auf demselben Fleck ausharren müssen ohne Bewegung, ganz zu schweigen.

Am Abend landen wir auf der Suche nach etwas Essbarem in einer aufgeräumten Markthalle; sich verständlich zu machen ist dabei die Hauptschwierigkeit. Da gibt es offensichtlich mehrere verschiedene Küchen, auf deren Angebote man vielleicht zeigen könnte, geht mir durch den Kopf. Da wird Frank von drei kichernden Teenagern angesprochen, aber er reagiert nicht und läuft weiter. So gehe ich auf sie zu und frage, ob sie ihr Englisch ausprobieren wollten. Schnell sind wir mit einfachen Sätzen im Gespräch und sie sind selig. Ich nutze die Gunst der Stunde und frage sie, ob sie mir bei der Bestellung eines Essens helfen könnten? Eine ist besonders helle und übernimmt die Führung in der Übersetzung. Schließlich bekommen wir in Windeseile mit einem sehr zugewandten Familienbetrieb viel Gemüse mit herrlichen Gewürzen, frisch zubereitete Frühlingsrollen, in durchsichtigen Reisblättern, auf einer heißen Platte gebacken, eingewickeltes Büffelhack und Bier, das von irgendwoher extra für uns herbei geschafft wird. Schließlich servieren sie uns zu allen Köstlichkeiten noch so eine Art Reibekuchen. Leider müssen sich unsere jungen Übersetzerinnen in die Abendschule verabschieden. Das geht mit aller Herzlichkeit vor sich und ich kann mir lebhaft vorstellen, wie sie vor ihren Kameraden/innen auftrumpfen werden. Mit unserem Dreiergespann an Köchen (Mutter und zwei Söhne) nehmen wir mit der Zeichensprache und Mimik Kontakt auf und vermitteln ihm mit ein paar wenigen Fetzen Englisch, wie sehr uns das Essen schmecke und wie sehr wir uns wohl fühlten. Auch dieser Abschied ist ohne viele Worte sehr herzlich.

Yuanyang / Xinjie

Reispaddies - ein Wunder von Menschenhand - Belinda

Wir fahren einmal wieder oder weiter durch ein Paradies, durch Täler mit Reisfeldern, Bananenhainen, geschützt von Bergen und sanften Hügeln. Eine liebliche, weite Landschaft mit Zypressen, die etwas an die Toskana erinnert, dazwischen kilometerweite Frühbeete, Gewächshäuser und Berge, die sich wie Buckel aneinanderreihen. Dann tauchen wieder Zementfabriken auf. Hinter abgeernteten Maisfeldern sieht man im Dunst der Ferne hohe Erhebungen. Ein schäumender Fluss begleitet uns eine Weile mit seinen schlammbraunen Wassern. Einzelne Bauern mit der Hacke über der Schulter wandern am Rande der grünen Gemüsefelder, ein zweirädriger Ochsenkarren versperrt unserem Bus den Weg, der übrigens ein halbes Warenlager unterwegs aufnimmt und Leute aussteigen und zusteigen lässt, wie gewünscht. Zwei Welten leben nebeneinander: Die moderne Hightec-Welt und die alte Bauernklasse. Eine könnte heute trotz allem ohne die andere nicht existieren.

Und dann wird es gebirgig, die Berge rücken zusammen, verlieren ihre anmutige Sanftheit. In engen Serpentinen fahren wir rauf und runter in die Ausläufer des Himalayas. Und es gibt gewaltige, atemberaubende Ausblicke in tiefe Schluchten und hohes Felsgestein. Und oft wünsche ich mir, der Fahrer bewege den Bus langsamer, behutsamer. Wir fahren südwärts, Richtung vietnamesische Grenze zu den berühmten Reisterrassen. Am 15.Dezember läuft unser 90-Tage Visum für China ab.

Nun sitzen wir in einem noch kälteren Zimmer – immerhin sind wir inzwischen auf 1700 m Höhe, trinken unseren sehr heißen Kaffee, der uns auf die Beine hilft und pünktlich bei *Belinda* vor dem Gästehaus erscheinen lässt. Sie wird für die nächsten Stunden unser Guide sein. Ihr Englisch hat sie in Kunming in drei Jahren gelernt, ihre Touristenlizens in weiteren fünf Jahren erworben und wir sind sicher, dass ihre Reisbauernfamilie ihr sehr dazu verholfen hat. Inzwischen hat sie zwei Gästehäuser, ihre Eltern haben immer noch ein paar

Reisfelder und ihr Bruder ist ihr Fahrer – ein exzellentes Familienunternehmen.

Sie will uns die schönsten Reistfelder der Welt zeigen, die inzwischen ein Weltkulturerbe sind. Aber noch wird der Weg dahin vom Nebel umhüllt. Plötzlich reißen die grauen Schleier entzwei, lösen sich in einzelne Schwaden auf und geben die unter uns liegenden Landschaften frei. Und wir sind fasziniert, was sich vor unseren Augen ausbreitet: Reisterrasse an Reisterrasse reiht sich die Berghänge hinauf und hinunter bis in die Täler. Wie Schieferplatten schieben sie sich anscheinend ineinander und übereinander. Mauern trennen sie jeweils vom anderen Feld.

Damit sie während der Winterzeit nicht austrocknen, bleiben sie mit Wasser gefüllt und Wasserbüffel stampfen durch die Wasserbeete und hinterlassen ihren Kot. Da es auch sehr schmale Paddies gibt, sind die Bauern sehr vorsichtig geworden mit dieser natürlichen Art der Erdumwälzung und Düngung. Viele Büffel seien dabei umgekommen, brechen sich die Beine, weil sie die hohen Mauern übersteigen wollen und zu schwer sind, um sich selber aufzuhelfen. Ein Tier koste umgerechnet immerhin an die 700-800 Euro. Außerdem gäbe es hier nur eine Ernte im Jahr, im Gegensatz zu Thailand mit vier Ernten.

Das alles erzählt uns Belinda. In diesem Moment steigt die Sonne aus einem Nebelloch und überflutet die Reispaddies mit ihrem goldenen Licht. Hunderte von gestuften, großen und kleinen, weit gebauchten und schlangengleich gewundenen Seen leuchten auf, glitzern und funkeln wie in dunklen ausgebeulten Ringen gefasste Steine und weit darüber schieben sich Zwei-und Dreitausender- Gebirgszüge. Ein unvergesslicher Anblick! Aber dann treten wir den Rückzug an, denn die Aussichtsplattform wird mehr und mehr von schnatternden, aufdringlich fotografierenden chinesischen Touristen eingenommen. Sie machen vor allem Selfies und ich frage mich, ob die Landschaft vielleicht nur als Staffage dient?

Sie will uns die „Tigermouth-Reisfelder" zeigen. Wir müssen Geduld haben, graue Nebelschleier schieben sich davor. Unser Ausharren wird belohnt. Stück für Stück erobert sich die Sonne den Berghang und das Tal. Der Kopf des Tigers, das geöffnete Maul werden freigelegt, dann die Berge und dazwischen die Zähne, die Reisfelder. Es ist ein grandioser Anblick. Kaum dass wir uns davon losreißen können. Inzwischen bin ich auch so vertraut mit Belinda geworden, dass ich mich mit ihr über viele Probleme unterhalten kann: Z.B. über gewisse Unzufriedenheiten der Bauern, über das Denken der Bergbevölkerung, dass die Westler cleverer seien, über das Schulwesen des Auswendiglernens – da würde keiner fragen, warum regnet es – usw. Da kommen zwei unterschiedliche Kulturen zum Nachdenken über die Sprache. Ihr ist das vollkommen bewusst.

Belinda bringt den dritten chinesischen Gast im Auto zurück ins Gästehaus und ihr Bruder führt uns ganz eng an die Reisterrassen heran. Wir laufen auf engen Pfaden und sind praktisch plötzlich auf du und du mit den Feldern. Frauen mit schweren Pflanzenlasten auf dem Rücken – ich versuche eine anzuheben, es ist unmöglich – begegnen uns. Neben uns plätschern die wilden und kanalisierten Wasserläufe aus dem Gebirge. Über uns und vor uns erheben sich leibhaftig die Trennungsmauern der Felder und ich bin maßlos erstaunt, wie hoch sie sein können, mannshoch!! Klar doch, es hängt vom steilen Grad des Berges ab. Und diese Technik ist schon vor 2000 Jahren ausgedacht und konstruiert worden. Unglaublich! Und hier werden nicht durch Leitungen die Wasserstände der Felder reguliert, so wie uns

Belinda erzählt hat (oder haben wir das falsch verstanden?). Wir sehen, wie schmale Durchbrüche in den Mauern das Wasser überlaufen lassen, wie kleine Wasserfälle. Viele Fragen können nicht beantwortet werden, denn wir erreichen das Dorf, wo Belinda auf uns wartet mit einer ganz anderen Attraktion.

Aber zuvor zeigt uns ihr Bruder stolz ein grob zusammengezimmertes Museum. Da sind alle sieben Ethnien der Reisterrassenlandschaft vereint ausgestellt, mit ihren Trachten, vor allem mit ihren unterschiedlichen Kopfbedeckungen, die wir schon unterwegs bewundern konnten, mit ihren Waffen, ihren Bräuchen und Traditionen. Offensichtlich lässt die Einheitspartei ihnen ihre Autonomie; wir haben aber auch schon Anderes gehört. Wir laufen durch das Dorf: Hühner Hunde, Gänse Katzen, alte Männer mit Wasserpfeifen, alte Mütterchen mit Kleinkindern auf dem Rücken begegnen uns ungerührt. Gestreuter Müll all überall und da sitzt unsere junge, hübsche, kluge Belinda zwischen drei unterschiedlich alten Frauen, vor einem Steinkohlegrillfeuer.

Wir freuen uns, uns wiederzusehen und sofort werden uns gebratene Tofustücke und Büffelfleischbällchen vom Grill angeboten. Sie schmecken köstlich. Ich soll mich niederhocken, aber ich bedeute den alten Frauen, dass ich nicht gelernt habe, zu hocken. Da muss ich mich auf den Kindersessel setzen, den mir eine der Frauen hinschiebt und sie hockt sich dafür auf ihre Fersen.

Und ich erfahre, wie alt die Frauen sind und erschrecke (obwohl ich darauf vorbereitet bin), genauso wie sie umgekehrt. Die älteste ist gerade mal ein Jahr älter als ich und sieht für uns wie 90 aus. Schwere Arbeit ihr Leben lang, Tropensonne, Regen, Kälte jahraus, jahrein, Kinder, Enkelkinder, Urenkel, ein Leben lang für andere da, ein Leben lang der Natur die Existenz abtrotzen, nie für sich selber eigene Wünsche erfüllen können - für uns unvorstellbar, vor allem für uns nie und nimmer zu bewerkstelligen. In welch einem Paradies wir doch leben!

Und wir erfahren, dass in diesem Dorf ungefähr 200 Familien wohnen, bestehend aus Großeltern, Eltern des Mannes und seiner Frau, die absolut Gehorsam der Schwiegermutter gegenüber leisten muss (und auch zur Ethnie ihres Mannes übertreten muss, indem sie die Kopfbedeckung wechselt) und natürlich den Kindern. Auf meine Frage, wie es denn mit ihr, Belinda, die der Ethnie der Hani angehört, stünde, meint sie, sie hätte Glück gehabt. Ihr Mann stamme aus Sichuan, er sei nicht von hier und sie lacht glücklich. Sie liefert uns im sehr einfachen Restaurant ihres Schwagers ab, sagt ihm, was wir gerne zu essen hätten und umarmt uns bei der Verabschiedung. Wir waren uns im Laufe vieler Stunden doch sehr nahe gekommen und Frank gab ihr sehr wertvolle Tipps für die Verbesserung ihrer web-site mit.

Wir bekommen alles Gewünschte wieder bestens zubereitet. Uns gegenüber sitzt eine Kleinfamilie. Das Hab und Gut scheint auf zwei Stühlen in einem Rucksack und in eine Decke gewickelt. Das lebhafte Kleinkind wird von der Mutter stets nur ermahnt, der Vater sitzt da mit angestrengtem Gesichtsausdruck und einer tiefen Zornesfalte zwischen den Augen. Die Augen blicken für mich hart, wenn nicht sogar böse. Da fällt kein liebes Wort an das Kind, kein liebevoller Blick. Auch wir werden beobachtet. Als wir uns ein Bier bestellen und es auf den Tisch gestellt wird, holt er sich die Flasche, öffnet sie und stellt sie uns wieder hin. Eine Aufmerksamkeit den Fremden gegenüber, so verstehen wir das, sind angenehm überrascht und rufen unser Dankeschön „Zisje" hinüber. Da erleben wir, dass die junge Ehefrau sich vom Mann total abwendet und kein Wort mehr mit ihm spricht. Unsere Deutung mag falsch sein, aber es war zu offensichtlich. Die Familie packt zusammen, lässt sich das übriggebliebene Essen in einen Plastikbeutel füllen. In einer Eingebung stelle ich unsere halbvollen Schüsseln noch dazu. „Zisje" ruft die Kellnerin und lächelt dazu. Ein kleiner entspannter Zug huscht über das Gesicht des Mannes, die Frau ignoriert diese Geste. Welch` ein hartes Leben haben diese Bauern hier durchzustehen. Nicht nur was die Arbeit anbelangt, sondern auch mit ihren Traditionen, ihrer Erziehung, ihren Vorstellungen und daraus resultierenden Gefühlen in ihrer kleinen Welt, eingebettet in so eine grandiosen Landschaft, aber eben auch gefangen darin.

Ein langer Spaziergang hinauf in den Urwald, um den Tempel der Ahnen zu finden, der sichtbar herunterwinkt, bringt uns wieder auf abenteuerliche Pfade, vorbei an Urwaldriesen, an riesigen Bananenbäumen, an wundersam gepflegten Gemüsegärtchen, an schmalen Häusern, die gefährlich steil am Fels in die Höhe ragen. Der Blick in die Tiefe ist fantastisch und die Sonne legt ihre letzten Strahlen auf die Bergketten. Aber wir erwischen nur den Hintereingang des Tempels. Wir sind sowieso tempelgesättigt und klettern wieder abwärts zum Marktplatz, wo ein Künstler die Reisfelder, einen Wasserbüffel und eine erntende junge Bäuerin symbolträchtig in den Fels geschlagen hat, ganz nach sozialistischer-(sowjetischer) Art und Weise. Hier wollen wir in einem Restaurant unsere neuen französischen Freunde wiedertreffen zu einem gemeinsamen Abendessen. Schon zweimal haben sie uns an verschiedenen Orten gesehen und nun hier das 3.Mal. Wenn das kein Omen ist?

Auf dem Weg zur vietnamesischen Grenze

Die Fahrt in einem Uralt-Lokalbus nach *Hekou* zur chinesischen Grenzstadt ist noch einmal ein Erlebnis der besonderen Art. Die Landstraße abwärts ist schon älteren Datums und so mit Schlaglöchern übersät, wie der berühmte Schweizer Käse. So habe ich nur zwei Optionen: Entweder ich ertrage das Scheppern oder ich halte das Fenster neben mir fest gegen die Umrahmung – ich entscheide mich einmal für so, dann wieder für anders. Da das Klappern mehr und mehr allgemeiner Natur wird, entscheide ich mich mehr und mehr für die erste Version. Außer drei Franzosen und uns sitzen nur einheimische Bauern um uns herum, beladen mit prallen Plastiktüten und Körben, in die sich Hühner und Gänse tief hineinducken, stumm vor Angst.

Auch hier hält der Bus, wann immer es verlangt wird. Und die alte chinesische Tradition, den Bronchialschleim aus den letzten Spitzen seiner Lunge hoch zu holen und geräuschvoll, also mit Genuss in die Gegend zu spucken/speien, kommt hier voll zur Geltung. „Sie spucken aus dem Fenster", meint Frank begütigend. Na ja, wir haben in Chongqing auch schon mal erlebt, wie einer hinter seinen Sitz im Bus gespuckt hat. Nach einer Stunde Martyrium die Berge abwärts, haben wir gerade einmal 27 km geschafft. Aber wir sind im Tal und machen eine Pause vor zig-Meter langen Obstständen, tonnenweise Früchten, die du zum Teil dein Leben lang nicht gesehen hast. Der Toilettengang ist uns Gott Lob schon aus anderen Reisen bekannt: Keine abgetrennten Abteile, die Frauen hocken hintereinander oder nebeneinander über einer Rinne. Aber hier ist alles noch rudimentärer. Die frischen herrlichen Früchte hellen dein Gemüt wieder auf. Die letzten Stunden bis zur Grenze fahren wir teilweise unter dem Highway, aber die Straße ist gut und neben uns rauscht der Fluss, dem wir in den Bergen schon so oft begegnet sind und nach der Grenze in Vietnam zum *Roten Fluss* wird.

Das war Südwestchina, der kleine Zipfel eines Riesenreiches, in all seinen vielfältigen Facetten - sicherlich hier noch längst nicht erschöpft, nur angerissen - seinen unterschiedlichen Lebensräumen, seiner rasanten Entwicklung auf der einen Seite, seiner weiterhin der Tradition verhafteten alten Lebensweise, seinem Selbstbewusstsein und dem Bemühen, es der westlichen Welt gleich zu tun, sie sogar zu übertrumpfen. Und so zweifelhaft dieser Weg des galoppierenden Wachstums sich für uns erweist, stellt sich für mich die Frage: „Quo vadis, China?"

In Vietnam

Hanoi

Wir sitzen vor unserem Hotel in einer schmalen Gasse beim Frühstück. Über unseren Köpfen hängen Käfige, in denen Vögel auf- und abfliegen, manche zwitschern, manche bleiben stumm. Es ist ein uralter Brauch in China und Vietnam (viel ist hier ähnlich, wurden sie doch 1000 Jahre von China beherrscht) Vögel zu fangen und sie in Käfigen zu halten. Ein regelrechtes Gewerbe ist daraus entstanden. Und ich erfahre, dass die Vögel, selbst wenn man den Käfig öffnet, immer wieder zurückkommen. Sie haben wohl verlernt, in Freiheit zu leben. Uns schräg gegenüber sitzt eine gebrechliche Alte, ganz verloren in diesem Jahrhundert. Sie scheint dem Gezwitscher über sich zu lauschen. Langsam erhebt sie sich, greift zum Stock und entfernt sich, vorsichtig einen Fuß vor den anderen setzend. Kaum ist sie weg, kommt ein junger Mann, greift mit einer Stange den Vogelkäfig vom Baum ab, geht hinüber zu einer Art Kiosk und hängt ihn zu der ganzen Reihe von Käfigen, die wie zwitschernde Gitterlaternen rund um das Häuschen hängen.

Das Pappbrot von China wird hier durch ein schmackhaftes Baguettebrötchen ersetzt, dazu ein Ei „easy over" von freilaufenden Hühnern; jeden Morgen weckt sie und uns das Kikeriki eines/ihres Hahnes. Ab und zu trippelt eilig eins über die (Fr)Essstraße und verschwindet unter geheimnisvollen Holztoren oder man sieht sie goldbraun gebraten, geschmackvoll dekoriert an Drähten hängen neben langhalsigen Enten aufgehängt, als Einladung in eine Suppenküche. Unseren Kaffee brauen wir uns selber und das Hotel trägt noch mit einem frisch gepressten – auf unsere Bitte hin - ungesüßten Orangensaft dazu bei. Unser selbst organisiertes Müsli wird noch durch frische Früchte vom Hause bereichert. Überhaupt ist der Service hier für einen minimalen Preis außergewöhnlich: täglich frische Handtücher, Bettwäsche, Reinigung. Und alles mit einer liebenswürdigen Bereitschaft, uns zu helfen, wo immer sie können und ihr Englisch ist gut. Wir profitieren von dem Überangebot an Hotels, Hostels, Pensionen in allen Preislagen. Auch das reichhaltige Angebot an Essen ist kaum zu überbieten. Man kann sich des Eindrucks nicht erwehren, dass ganz Vietnam kocht und verzehrt, was wir übrigens schon in China so erlebten. Der höhere Prozentsatz dürfte wohl auf das Konto der Köchinnen gehen. Was heißt „kocht"! Auf Holzkohlefeuern in oft kleinsten Blechkanistern mit einem Gitter obendrauf (auch das war vor acht Jahren schon so) werden Maiskolben geröstet, auf verrußten Grillrosten kleinste Fleischspieße gebraten, Dumplings (wie Maultaschen) gesotten. In riesigen Pfannen werden deine Wünsche unter offenem Feuer gegart, gegrillt oder gedünstet. Es ist erstaunlich, wie hier die Menschen mit den einfachsten Mitteln schmackhafte Gerichte zubereiten. Und alles spielt sich auf der Straße ab. Auch hier kommt das gesellige Leben nicht zu kurz. Die Menschen hocken auf Plastik-Kinderstühlchen sehr eng nebeneinander mitten auf den Gehwegen, auch wenn die Temperaturen nicht immer so hoch sind, wie heute an Heilig Abend, 28 Grad. Ein Opa, offensichtlich mit einem Hüftleiden, schiebt sein Enkelkind an uns vorbei, auf der anderen Seite trägt eine mittelalte Frau ein Baby auf dem Arm – sie hat uns gestern in der gegenüberliegenden Suppenküche bedient – und schäkert mit dem Opa-Enkel. Wir begreifen, hier haben die Großeltern die Oberhoheit über die jüngste Generation. Wir beobachten dies auch von unserem Hotelfenster. Auf der gegenüberliegenden Terrasse, umgeben von Glas, wie bei uns in einem Wintergarten, trägt eine nicht mehr ganz so junge, aber auch keine alte Frau ein Baby auf dem Arm, gießt die reichhaltigen Pflanzen, hängt Wäsche auf und das Kind quirlt auf ihrem Arm herum. Als das Kleinkind von vorher im Buggy wieder an uns vorbeikommt, wieder auf unsere Versuche des Winkens und Spaßens überhaupt nicht reagiert, ist es die Großmutter (oder Urgroßmutter?), die es lächelnd an uns vorbeischiebt. Ein Karren, versehen mit einer Fahrradlenkstange, dessen Räder im Gemüse verschwinden – es ist ein ganzer Gemüsegarten - wird von einer mit einem Reishut bedeckten Frau an uns vorbeitransportiert; ein Tonband ersetzt ihre Anpreisungen und damit ist sie nicht alleine. Also doch eine moderne Wandlung. Wo mag sie herkommen, welche Entfernungen mag sie bereits hinter sich haben? Gleich dahinter kommt ein junges, zartes Ding im federnden Gang daher. Sie fängt das Wippen der Bambusstange auf, dessen Enden sich tief herunterbiegen. An ihnen hängen

Körbe, voll beladen mit frisch gepflückten Drachenfrüchten, Papayas und Mangos. Schade, dass wir eben einen ganzen Teller Obst verspeist haben. Sie bleibt erwartungsvoll, prompt bei uns stehen. Der Bambusstab schneidet tief in ihre gepolsterte Schulter ein. Ein Schuhputzer, fast noch ein Junge, zeigt auf meine Schuhe. Eigentlich sehen sie noch ganz passabel aus, aber ich überlasse sie ihm und ziehe dafür die Latschen an, die er mir geschäftig herüberreicht. Noch nie hatte ich so nachhaltig hoch polierte Schuhe, wie in China und Vietnam. Ein altes Mütterchen versucht selbst Gebasteltes an die Touristen zu verkaufen. Und dabei fallen mir die hochgestylten Ladies ein, die in schwingenden Tüll-und Taftröckchen mit eleganten Highheels aus ihrem Mercedes oder BMW steigen, den Zündschlüssel etwas herablassend dem Parkwächter überlassen und mit ihrer Krokodillederhandtasche auf die Shoppingmall zustöckeln, - das war vor acht Jahren noch nicht so - während hinter ihnen, uns nur allzu bekannt, ein Radfahrer, hochbeladen mit zerlegten Pappschachteln – wie kann er nur das Gleichgewicht halten? – sich durch den heftigen Verkehr manövriert. Das war vor acht Jahren schon so, auch da hat sich nichts geändert, nur dass der Unterschied zwischen Diesen und Jenen noch krasser ausfällt. Wo steuert da die Einheitspartei hin?

Die Gasse füllt sich immer mehr mit Moped-und Motorradfahrern; sie gleiten geschickt aneinander vorbei; Fußgänger werden von manchen mit Hupen zur Seite gescheucht. Allerdings scheint uns hier das Fahrverhalten teilweise rücksichtsvoller als in China zu sein. Dort werden die Passanten auf schmalen Gehwegen mit empörtem Gehupe zur Seite gejagt.

Ho Chi Minh und seine Nachfahren

Ein Kämpfer für die Freiheit Vietnams

Im *Ho Chi Minh-Museum* werden wir wieder daran erinnert, wie es zu dieser kommunistischen Entwicklung kam. Ho Chi Minh (dies war sein letzter von vielen Decknamen, zu denen er gezwungen wurde) 1890, als jüngstes Kind eines Dorflehrers geboren, der es bis zur konfuzianischen Doktorwürde gebracht hatte, war seit er denken konnte, ein scharfer Gegner der französischen Kolonisatoren, die Mitte des 19. Jahrhunderts anfingen, auch Vietnam für sich zu beanspruchen. Als 16-Jähriger half er als Dolmetscher bei einem Bauernaufstand und flog deswegen vom französischen Gymnasium. Er wollte das Land seiner Besetzer kennen lernen, schiffte sich ein, war in New York, in England und warb in Frankreich für seine antikolonialen Ideen, kam ins Gefängnis und wurde mit den kommunistischen Ideen eines Lenins bekannt, dessen Thesen wunderbar in sein Konzept, sich von den Kolonialherren zu befreien, passten. In Hongkong war er einer der Gründungsmitglieder der kommunistischen Partei (auch hier wanderte er ins Gefängnis). Ihm schwebte ein befreites demokratisches Vietnam vor. Und so stand 1945 in der 1. Verfassung des befreiten Landes Vietnam die amerikanische Verfassung Pate und Ho Chi Minhs Traum schien in Erfüllung gegangen zu sein. Aber die Geschichte kehrte sich noch einmal heftig gegen seinen Traum. Die Franzosen kamen zurück, die Weltgemeinschaft leistete keinen Widerstand, aber sie wurden 1954 in einer heroischen Schlacht, unter Aufbietung aller Kräfte bei *Dien Bien Phu* besiegt. Dennoch zerfiel Vietnam in die kommunistischen Viet Minh im Norden und die von den Amerikanern unterstützten Viet Cong im Süden. Ein Bürgerkrieg entbrannte und begann, das Land zu zerrütten. Die hysterische Angst der Amerikaner vor dem Kommunismus (der damalige Verteidigungsminister Mc Namara bekennt in seiner Biografie die verheerenden Fehler, die seine Regierung damals begangen hatte) brachte Vietnam und seiner Bevölkerung und letztlich auch Amerika einen grauenvollen 20- jährigen Krieg ein. Heute ist Vietnam wieder geeint – HO CHI MINH aber hat weder das Ende des Krieges erlebt, noch die Wiedervereinigung. Sein testamentarischer Wunsch war (er starb am 2. September1969, am Tag genau, als er vor 34 Jahren die neue Verfassung seinem jubelnden Volk verkündete), dass seine Asche im Norden, in der Mitte und im Süden Vietnams begraben werden sollte. Er ist von allen Mächten betrogen worden, viele ihrer Abmachungen wurden nicht eingehalten, aber auch seine eigenen Leute widersetzten sich seinem Wunsch: Heute liegt er einbalsamiert, zur Schau freigegeben in einem bombastischen Mausoleum. Der bescheidene, nur seinen Landsleuten dienende *Onkel Ho* wird tief im Volk verehrt und in vielen sozialistischen Staaten steht seine Büste oder gar Statue. Einmal mehr bin ich tief beeindruckt von der Widerstands-und Durchsetzungskraft des Volkes, das trotz der militärischen Übermacht der Franzosen und Amerikaner mit Hilfe der charismatischen Persönlichkeit eines Ho Chi Minh, alle seine Kräfte in übermenschlicher Art und Weise zu bündeln vermochte und so seine Eigenständigkeit zurück gewann.

Im Hofe des Militärmuseums stehen einige Panzer und stark demolierte, zum Teil ausgebrannte Flugzeuge, die die vietnamesischen Streitkräfte erkämpft und abgeschossen hatten und auf Tafeln wird die beachtliche Anzahl der Helden bekannt gegeben. Zwischen den Zeilen spürt man den berechtigten Stolz der Nation, die einst so gebeutelt wurde. Und man hat in eindrucksvoller Weise einen Ausschnitt des Ho Chi Minh-Pfades durch den Urwald nachgebaut, wo mit den einfachsten Mitteln für Nachschub an der Front gesorgt wurde. Der Höhepunkt des Museums ist allerdings ein Diorama, in dem die Niederlage der französischen Streitkräfte auf sehr anschauliche, eindringliche Weise dargestellt wird - natürlich auch in sehr heldenhafter Manier, verständlicherweise. Umso mehr sind wir enttäuscht, dass es in diesem Land nur sehr langsam vorwärts zu gehen scheint; sicherlich auf dem vergleichenden Hintergrund der rasenden Entwicklung in China, die wir gerade mit eigenen Augen erfahren haben. So hören wir von unserem deutschen Freund Christian einigermaßen erstaunt, dass keine Schulpflicht besteht. Die Erklärung scheint auf der Hand zu liegen: Die einzige Altersversorgung der Eltern beruht traditionsgemäß auf der Erwartung dieser, von ihren Kindern im Alter versorgt zu werden. Also schicken sie diese (sofern sie es finanziell verkraften) von sich aus auf die Schulen, dass einmal etwas aus ihnen so viel werden möge, dass es auch für die Eltern reicht. Vietnam ist immer noch mehrheitlich ein Agrarland, was bedeutet, dass jede Arbeitskraft, auch die der Kinder, gebraucht wird. Und das bedeutet eben auch, dass diese Kinder nicht oder nur sehr kurz in die Schule geschickt werden, schon auch weil das Schulgeld, die Uniform, das Unterrichtsmaterial nicht bezahlt werden können. Die Staatsausgaben für Bildung und Erziehung im Vergleich zu denen des Militärs sind erschreckend gering. Die vietnamesische Regierung scheint blind zu sein für die dringende Aufgabe, in die Ausbildung ihrer Jugend zu investieren. Stattdessen rüsten sie sich mit enormen Ausgaben gegen den übermächtigen Nachbarn China. Sicherlich psychologisch durch die traumatischen Erfahrungen dreier Kolonialherren zu erklären: China (1000 Jahre), Frankreich und den Vietnamkrieg gegen die Amerikaner. Das Riesenreich China, wohl wissend um seine Allmacht, provoziert den kleinen Nachbarn weiter, indem es die zwei Inselgruppen, die Paracel-und Spratleyinseln im Südchinesischen Meer kontrolliert. Sie liegen beide an einer weltweit wichtigsten Schifffahrtsroute und es besteht eine begründete Vermutung von größeren Erdöl-und Gasvorkommen. Chinas Ansprüche stehen im Gegensatz zum UN-Seerechtsübereinkommen. Ein Schiedsgericht wird von China abgelehnt.

In einem Gartenlokal - es ist warm wie an einem Sommerabend und eine dicht belaubte hohe Tamarinde legt ihre ausladende Krone wie einen Baldachin über die launigen Gäste - sitzen neben uns zwei Chinesinnen. Auch sie müssen, wie wir, mit dem Kellner Englisch reden, aber die Speisen kommen ihnen bekannt vor. Als ich ihnen sage, dass uns das Essen in China besser, weil gewürzter, geschmeckt habe, kommt es zu einem Gespräch. Und wir merken schnell, vor uns sitzen zwei sehr selbstbewusste, gut englisch sprechende Mitzwanzigerinnen, beide Lehrerinnen. Eine war sogar zwei Jahre in New York, um die Sprache zu studieren. Als ich von unseren Erfahrungen in ihrem Land berichte, wie äußerst modern die Städte Chinas seien – ein stolzes Lächeln gleitet da über ihre Gesichtszüge - aber dass doch eine Diskrepanz zwischen Land und Stadt bestünde, meine ich unseren chinesischen Freund Pingao antworten zu hören, fast im gleichen Wortlaut (auch wenn es dabei um einen etwas anders gefärbten Kontext ging, aber auch um „Armut und Reichtum"): „Die Partei bemühe sich sehr, eine BALANCE herzustellen". Als ich von den Geisterstädten erzähle, meint unsere sehr redegewandte Chinesin, „man sorge eben vor, wenn die Babies kommen", die Ein-Kind-Familie sei aufgehoben.

Auf dem Lande

Hanh und Christian

Unser deutscher Freund holt uns ab. Wir wollen aufs Land fahren. Christian hat hier in Vietnam sein Glück und Auskommen gefunden. Seit 13 Jahren führt er sehr erfolgreich VIP-Leute aus Politik – so auch schon Steinmeier, Gabriel, Merkel – aus der Wirtschaft und Kunstszene durch alle wichtigen Stationen Vietnams, sei es Landschaft, Geschichte, Kultur und sonstiges typisch Vietnamesisches. Er macht es sehr kenntnisreich mit einer sanften, zurückhaltenden Art, die jeden für ihn einnimmt und sein Erfolg wächst. Seit acht Jahren ist er mit einer jungen, Vietnamesin mit sehr schönen, strahlenden Augen glücklich verheiratet, die eine Tochter mit in die Ehe gebracht hat. Sie unterstützt ihn kräftig, hat ihm mehr oder weniger die Sprache beigebracht, hält die wirtschaftliche Seite des Geschäftes in Händen und besitzt ein Anwesen mit einer jungen Kuh, ein paar Hühnern, einem Hund, Katzen und ein Reisfeld in einem Dorf, 1,5 Stunden von Hanoi entfernt. In dem Van sitzt noch eine sehr nette befreundete Familie mit drei kleinen Kindern aus Freiburg. Der Fahrer quält sich durch den Verkehr, umschifft immer wieder mit Schachteln, Paketen und Kisten hoch bepackte Mopeds – sie ähneln fahrbaren Hochhäusern, in denen der Fahrer wie eine Suchfigur untergegangen zu sein scheint – überholt vorsichtig fliegende Händlerinnen, deren Lasten ganzen Warenlagern von Porzellangeschirr, Blechhaushaltswaren, Textilien aller Art gleichen, sogar neben einem Möbeltransport auf drei Rädern fahren wir eine Weile her. Und es ist unglaublich, wie ein Bett, Tische, Stühle, ein Schrank, ein Sofa, da sind sogar ein Spiegel und Kleidungsstücke kreuz und quer, übereinander, schräg und hoch getürmt sind, wie in einer Plastik aus den Achtziger Jahren oder wie eine Kreation von Beuys. Ich möchte ihm da nicht zu nahe treten, aber der Titel „Exodus auf vietnamesisch" wäre augenfällig. Und dann stockt der ganze Verkehr und mir der Atem: Ein PKW schiebt sich wie selbstverständlich von der linken Spur in die Mitte der Straße, die auf allen Spuren gestopft voll ist, erreicht nach mühevollem Manövrieren die rechte Spur, wendet und fährt seelenruhig auf der Gegenseite weiter. Dazwischen jonglieren noch Mopeds und Räder, Fußgänger nutzen die Chance und erreichen auf diese Weise glücklich das andere Ufer; für mich anfänglich ein absolutes Chaos. Diese Manöver, auch mal quer auf die andere Seite zu fahren oder links in eine Straße einzubiegen, sind gewöhnlicher Alltag, es ist common sense. So gehört es auch zum Alltag, bei Rot über die Straße zu gehen, auch die Motorräder und Fahrräder halten sich nicht an die Farbe. Aber ich habe das Gefühl, es passiert mehr bei uns als hier. Manchmal schlängeln wir uns durch den dichtesten Verkehr, jede Lücke ausnutzend, eben auch das Prinzip aller Verkehrsteilnehmer, ohne Todesängste zu überstehen. Allerdings muss ich gestehen, dass ich da zurückhaltender bin als Frank. Für mich fordert er da manchmal zu viel Einverständnis der entgegenkommenden Verkehrsteilnehmer heraus.

Wir überqueren den *Roten Fluss*. Er ist zu einem mächtigen Wasserlauf angeschwollen, seit wir ihn gegenüber der Reisfelder in China verfolgten und ihn an der Grenze von China nach Vietnam überschritten. Er breitet sich hier bereits zum Deltagebiet aus mit vielen Armen. Es muss fruchtbares Schwemmland sein, denn rechts und links neben der erhöhten Straße ziehen sich Bananenhaine hin, Palmen und grüne Gemüsefelder. Eine Erholung fürs Auge nach den geballten Stadtansichten. Die ländlichen Gegenden wechseln sich ab mit Reisfeldern und Dörfern, vereinzelten Bauernhöfen, einsamen Wasserbüffel. Hühner flüchten über die Straße. Hanoi liegt weit hinter uns.

Und dann laufen wir auf einem schmalen Feldweg, an abgeernteten Reisfeldern, an Kanälen entlang, an Büffeln und Kleingetier vorbei und stoßen auf ein zweistöckiges Haus, eingebettet in einen Bananenhain und alten Bäumen, auf einer Seite Ställe, an der Vorderfront zu Füßen ein blitzeblanker Teich mit Enten. Ein Hund begrüßt uns leutselig und dann kommt *Hanh* auf uns zu und wir begrüßen uns wie alte Freunde; sofort ist Vertrauen hergestellt. Sie hat mit einer Nachbarin zusammen ein fürstliches Essen vorbereitet und Christian meint, es sei ihr Hochzeitsessen gewesen. Unzählige Schüsselchen stehen auf dem Tisch mit gebackenen Shrimps, mit gefüllten Schweineröllchen, mit Rinderlendchen, grünem gedünsteten Blattgemüse mit viel Knoblauch, fein geraspelten Gemüse mit Kräutern und köstlich gewürzten Saucen; da habe ich sicherlich noch Einiges vergessen.

Es ist ein Festessen und *Hanh* war schon am Vorabend eingetroffen, um rechtzeitig fertig zu werden. Das einstige Bauernhaus hat Christian zu einer gemütlichen und modernen Bleibe umgebaut und ist mit seinen hohen Räumen Sommerresidenz, Rückzugsoase und Alterssitz gleichermaßen. Während der Autofahrt hatte Christian schon etliche Punkte der Geschichte Vietnams angesprochen, aber nach Hanhs ausgezeichnetem, opulenten Essen führt er uns auf die Felder, erzählt uns, wie seine Tochter als kleines Ding den Wasserbüffel ausführen, der Großmutter aufs Wort gehorchen musste, wehe sie kam einmal zu spät nach Hause. Auch das ist noch immer üblich in asiatischen Landen, zumindest in ländlichen Gebieten. Auch Frauen müssen hier ihren Männern gehorchen und es überkommt mich die Ahnung, dass Konfuzius einen langen Arm hat. So entsteht oft immer noch häusliche Gewalt. Während er uns die regulierte Wasserversorgung für die Reisfelder erklärt, sausen immer wieder junge Burschen mit Ohren betäubendem Lärm auf Mopeds auf den schmalen Pfaden an uns vorbei. „Viele von ihnen nehmen Drogen", erklärt unser Gastgeber leise, „die Familien stehen hilflos davor. Viele wandern ab in die Städte, weil sie meinen, dort ein weniger hartes Leben führen zu müssen und das schnelle Geld zu machen. Sie kommen drogenabhängig zurück oder wandern ins Gefängnis, wenn sie erwischt werden. Dort infizieren sie sich mit HIV durch unsaubere Spritzen und verrecken elend in Gefängniskrankenhäusern, wo sie ans Bett gekettet werden." Mir stellen sich die Nackenhaare und es läuft mir eiskalt den Rücken herunter - welch eine trügerische ländliche Idylle.

Wir kommen an einer Teeplantage vorbei, eine Handvoll Sammler, auch Kinder pflücken die jungen Triebe von den Büschen. Früher trieb man die Wasserbüffel durch die Furchen, um das Unkraut abzugrasen. Jetzt sehen wir eine Frau, die auf ihrem Rücken einen Behälter mit einem hochgiftigen Unkrautvertilgungsmittel trägt und eifrig sprüht. Christian erzählt uns eine Legende von einem nahe gelegenen See, in dem eine Schildkröte einem Kaiser einen von ihren Nägeln überreicht, woraus er eine Armbrust bauen lässt, die ihn in die Lage versetzen soll, mit einem Pfeilschuss 1000 Feinde niederzustrecken. So ist es dann wohl auch. Aber die Armbrust gerät in falsche Hände und die Geschichte endet tragisch. So stolz sind die Vietnamesen auf diese chemische Keule, dass sie diesen legendären Helden mit der Armbrust auf der Pestizidtüte mit ihrem Gift gleichsetzen. So wenig Umweltbewusstsein herrscht noch in diesem Land, dass sie nicht ahnen oder nicht wissen wollen, wie belastet ihr Tee, verschickt in alle Welt, inzwischen ist. Hoffentlich endet diese Geschichte nicht auch traurig, denn schon geht der Handel zurück.

Auf einer Anhöhe liegt der Friedhof. Der Blick in das Tal und auf die Höhen erweckt trotz des grauen Himmels fast romantische Gefühle, wären da nicht Arbeiter beim Ausgraben von Gruben, brächte da nicht die Geschichte von Christian ein leichtes Gruseln über mich. Es ist hier so der Brauch, dass bereits beerdigte Tote nach einer gewissen Zeit wieder ausgegraben werden. Ihre Knochen werden geputzt, gewaschen und bereit gemacht, sie danach noch einmal mit allen Zeremonien zu beerdigen. Hanh hat dies in den nächsten Tagen mit dem Skelett ihres Vaters vor und Christian akzeptiert diesen Totenkult. Überhaupt ist die Verehrung, die Achtung vor den Toten, vor den Ahnen stärker als jeder andere Glaube. In jedem Haus stehen die kleinen Ahnentempel, versorgt mit dem ewigen Licht, den Weihrauchstäbchen, mit Obst, Getränken (auch scharfe) und Geldscheinen. Oft können sich die Angehörigen eine Beerdigung nicht leisten, so gibt es immer mehr Urnenbestattungen.

Wir kehren zurück, angefüllt mit neuen Erkenntnissen einer uns so fremden Kultur, mit der wiederholten Erfahrung einer zu höchst liebenswürdigen Gastfreundschaft, die uns immer wieder fasziniert. Und natürlich kehren wir noch einmal ein – im Lichterglanz eines Städtchens. Christian hat uns ein Stück Vietnam erschlossen, außerhalb der Touristenrouten.

Der ganz normale Alltag

Und im Lichterglanz der Betriebsamkeit von Hanoi klettern wir über Plastikstühlchen, bereitgestellt für den abendlichen Hot Pot (in einen siedenden Kesseltopf von Brühe oder Öl kommen die gewünschten Zutaten von Gemüse, Fleisch oder Fisch), umlaufen Gruppen von jungen arbeitslosen Männern, die Zigaretten oder Wasserpfeife rauchen, wie wenn es um ihr Leben ginge und die mittags schon da hockten und Brettspiele oder Karten spielten, schlängeln uns durch parkende Motorräder und entgehen immer wieder knapp Plastikbeuteln, angefüllt mit Müll, die in die Rinnsteine geworfen werden.

Eine ältere Frau spült auf dem Gehweg Geschirr in drei Schüsseln, in der für uns unnachahmlichen Hockstellung, eine jüngere spritzt ausdauernd den Schmutz des Gehsteigs auf die Straße. Ein hochbeladener Karren auf vier Rädern, gezogen oder geschoben von einem Bambus spitzbehüteten jungen „Asketen" – bei uns würde er als Müllmann bezeichnet werden – stoppt vor uns. Er ergreift die Müllbeutel am Straßenrand und wirft sie zielsicher auf den Karren. Dieser ist aber schon so hoch getürmt, dass sie auf den Seiten herunterfallen. Offenbar kein Problem für unseren „Müllmann": Er schiebt einfach in die Karrenseiten Bretter, die die Höhe erweitern und vergrößert damit das Fassungsvermögen. Ganze Müllsäcke werden noch drauf gehievt und wir fragen uns, wie man dieses Gefährt noch fortbewegen könne. Aber dies scheint keine Frage für unseren Müllfahrer zu sein. Er zieht weiter und jedes motorisierte Vehikel umfährt ihn geschickt. Offensichtlich wird er für das Gewicht seiner Ladung bezahlt. Auch da ist alles gleich geblieben, nach acht Jahren. Auf der gegenüberliegenden Seite zieht in gleicher Weise ein Müllkarren durch den pulsierenden Verkehr, eine alte Frau schiebt ihn. So sind die Straßen anderntags erstaunlich sauber, aber die nächsten Müllbeutel kommen bestimmt sowie die Kehrer auch. Wahrscheinlich noch in hundert Jahren!

Auf der Suche nach vergangenen Jahren

Wir wollen es mehr und mehr wissen, je länger wir in Hanoi weilen: Was ist aus dem Haus, was ist aus *Tam* geworden, einer jungen, vietnamesischen Unternehmerin, die darin eine eigene Firma aufbaute, in Leipzig studiert hatte und mit dieser Stadt Handelskontakte pflegte. Was ist aus der Wohnung geworden, in der wir vor acht Jahren fast zwei Monate lebten, was aus der Universität, in der ich Studenten auf Englisch Rede und Antwort gestanden hatte auf ihre vielen Fragen zu Deutschland?

Ein Taxi bringt uns in den entgegengesetzten Stadtteil genau in diese Straße, wo uns noch vor acht Jahren morgens um sechs Uhr der Lautsprecher über sämtliche Straßen hinweg weckte, mit irgendwelchen Parolen, wahrscheinlich um die Studenten aus ihrem Schlaf zu reißen. Der höllische Verkehr tat sein Übrigens.

Wir erkennen das hochgestreckte Eckhaus sofort, das vor acht Jahren neu erbaut worden war, jetzt aber einen sehr abgewetzten Eindruck auf uns macht. Die primitive, aber gut schmeckende Suppenküche, wo hinten die Hühner geschlachtet worden waren, ist einem einfachen Restaurant gewichen, statt des netten Cafès, das am Ende unseres Aufenthaltes eingerichtet worden war, empfängt uns eine Bar, zu dieser Tageszeit ein trostloser Anblick. Mich interessieren die Räume, wo ich für Studenten Deutschunterricht gegeben hatte und es oft sehr heiter zuging und unsere Wohnung im letzten Stockwerk. Frank habe ich längst verloren, als ich die Treppen hochstürme. Da muss es gewesen sein! Ich blicke in einen verdunkelten Raum, da und dort Tische, an denen da und dort Studenten vor Computern sitzen und mich fragend anstarren, sonst Leere und Dumpfheit. Langsamer nun erklimme ich das letzte Stockwerk auf schmutzigen Treppen, vorbei an ungepflegten Wänden, an herunterbröselndem Verputz. Vor unserer ehemaligen Eingangstür stapeln sich Kartons, das Glas in der Tür ist zerkratzt, die Scheibe starrt vor Schmutz. Und dann – ich stehe im ehemaligen Büro von „Tam". Zwei Angestellte versuchen, mich zu verstehen, Frank kommt hinzu. Nach einigem Sprach-Wirrwarr-Rätselraten wird uns klar, hier gibt es weder die Tam noch ihre Firma und niemand weiß, wo sie nun ist.

Enttäuscht, zurück auf der Straße, ziehen wir langsam an der Technischen Universität vorbei. Wir erwarten ein Vorzeigeobjekt für das Land. Der Regen hat nach acht Jahren seine tiefen Spuren hinterlassen, die teils schwarzgrauen Fassaden schreien nach Farbe, nach Erneuerung, nach Frische. In diese Müdigkeit hinein kommt noch der Gestank des offenen Abwassergrabens, der uns schon damals gestört hatte. Er ist noch breiter geworden, der Gemüsegarten dahinter dafür schmaler. Letztlich treibt uns der Hunger in eine nahe gelegene Straßenküche und sie versöhnt etwas. Der Wirt scheint mein Zeigen und Gestikulieren zu verstehen, ist sehr beflissen und serviert uns ein köstlich gewürztes Viel-Gemüse-Glas-(Reis-)Nudelgericht, im Kessel unterm offenen Feuer zubereitet. Unsere tiefe Enttäuschung über die sichtbare Verwahrlosung dieses wissenschaftlich-kulturellen Zentrums Hanois vergraben wir in Nudeln und Bier. Immerhin liegt heute kaum Papiermüll unter den Tischen, wie es bergeweise vor acht Jahren der Fall war. Heute fangen Mülleimer die Servietten auf. Aber nachdem wir weiter schlendern, wird der vorige Eindruck noch verstärkt. Der ganze Campus, das ganze Viertel mit den Studentenwohnungen sieht traurig aus. Immer noch hängen die Studenten ihre Wäsche vor die Fenster, die aussehen, wie der Ein-Ausblick zu/aus Käfigen. Auch da hat sich nichts verändert, es ist alles gleich geblieben. Verglichen mit den sonstigen „Fortschritten" an Shoppingmalls, an Supermärkten, wo du auch alle Produkte der Welt einkaufen kannst (natürlich zu Mondpreisen), an das Aufrücken an den Weltmarkt ist dieses Zentrum an Lehre und Forschung äußerlich desaströs. Aber vielleicht täuschen wir uns ja auch und innen herrscht ein ganz anderer Wind. Oder wir denken zu westlich und die Studenten stört das alles gar nicht. Warum soll es nicht so sein wie immer? Man mag sich da seine eigenen (westlich geprägten) Gedanken machen.

Nach einiger Zeit erfahren wir, dass unsere damalige Jung-Unternehmerin tatsächlich in ein größeres Haus umgezogen ist, ein Joint-Venture Unternehmen hat mit einer Leipziger Firma, die künstliche Gelenke herstellt und zur Zeit die Ferien mit ihren Töchtern in Österreich verbringt. Eine Tochter studiert in Frankfurt. Vielleicht werden wir uns einmal wiedersehen. Es wäre ein sehr schönes, nostalgisches Erlebnis, wäre hoch interessant und würde vielleicht so viele Fragen klären helfen, die sich bei unserem zweiten Hanoi-Aufenthalt gestellt haben.

-

…wer ist Traudl?

Seit elf Jahren reist Traudl Bahm nun mit ihrem Partner F durch Amerika, Afrika, Asien und Europa, wenn es dort jeweils warm ist. Mal wenige Wochen, mal viele Monate. Damit erfüllt sich ihr ein Traum, der im Laufe ihres Lehrer-Lebens, vor allem im Fach Geschichte immer stärker wurde: Der Wunsch, diese Völker und Länder, über die sie sprach, einmal selber zu erleben. Nun, ganz ohne Unterrichtspflichten, wurde dies möglich.

Fasziniert „erfuhren" wir im langsamen Reisen, im Verweilen und Spanisch-Lernen-vor-Ort die Menschen, ihre Kulturen und Geschichte. Mit nur leicht rollendem Gepäck und Notebook, in kleinen Hostels, Backpacker Bleiben oder auch Surf-Privat. Das alles lebendig und in Gemeinsamkeit zu erleben, erfüllt sie mit großer Freude und empfindet sie als ein großes Geschenk. Es macht sie immer wieder Staunen „Das darf nicht alles so vorübergehen, mein Gedächtnis wird nicht in der Lage sein, so viel zu behalten. Ich muss alles festhalten, in Wort und Bild." Und so entstanden viele Aufzeichnungen, in engen, meist kuscheligen Zimmern, beim Warten in Bahnhöfen, Restaurants und beim meist ruckeligen Fahren - T schreibt, F knipst und organisiert.

Das alles wieder sichten, ordnen und als Lektüre lesbar zu machen, das war wie Noch-einmal-durch-alles-Reisen, war erneut aufregend und spannend, auch die Text- und Bild-Kombinationen im Computer endlich druckreif hinzubekommen. Und so ruft sie immer mal wieder „Frank, lass dich umarmen!"

Ihre Eltern fanden, dass sie ab dem 21. August 1942 als Viertes dazu gehören sollte, in Teschen, Oberschlesien. Heute ist es eine polnisch-tschechische Grenzstadt. In Neu-Brandenburg, in der gerade entstehenden DDR, wurde Traudl eingeschult. Zuweilen sagt sie „Meinem Vater sei Dank, dass er sehr bald keinen Unterschied mehr zwischen Braun und Rot fand." Und so zogen sie weiter. Traudl machte ihr Abitur in Ulm. Statt ihrem Wunsch Sprachen und Theater gab es eine Ausbildung an der Pädagogischen Hochschule in Weingarten. Mit ihrer Zulassungsarbeit „Die Geschichte der Judengemeinde in Laupheim", mit all den Dokumenten-Recherchen und Interviews wurde >Geschichte< ihre Sache. Lehrer-Sein im Kreis Saulgau, Oberschwaben, dann bei Karlsruhe und 15 Jahre in Berlin; zwei Buben hegen und erziehen, fünfundzwanzig Ehejahre; danach Tennis, Mannschaftspflege und seit elf Jahren mit Frank radeln, tanzen und Fern-Reisen hielt-halten sie in Schwung.

Traudl mag und liebt ihre vielen Zuhause- und Reise-Freundschaften. Für sie alle und für ihre Familie entstand dieses Büchlein, mit lieben Traudl-Gedanken und -Gruß nach dieser großartigen China-Reise in den Wintermonaten 2015/16.